지불되지 않은 13년, 터트린 13장

느그들이 배우지 못해 단 한 발짝도 뛰지 못했던 심정을 알간

지불되지 않은 13년,
터트린 13장
느그들이 배우지 못해 단 한 발짝도 뛰지 못했던 심정을 알간

초판 1쇄 발행 2025년 9월 30일

지은이 이강진
펴낸이 장길수
펴낸곳 지식과감성#
출판등록 제2012-000081호

교정 주경민
디자인 이현
편집 이현
검수 이주연
마케팅 김윤길

주소 서울시 금천구 벚꽃로298 대륭포스트타워6차 1212호
전화 070-4651-3730~4
팩스 070-4325-7006
이메일 ksbookup@naver.com
홈페이지 www.knsbookup.com

ISBN 979-11-392-2838-0(03810)
값 16,700원

- 이 책의 판권은 지은이에게 있습니다.
- 이 책 내용의 전부 또는 일부를 재사용하려면 반드시 지은이의 서면 동의를 받아야 합니다.
- 잘못된 책은 구입하신 곳에서 바꾸어 드립니다.

지식과감성#
홈페이지 바로가기

지불되지 않은 13년,
터트린 13장

느그들이 배우지 못해 단 한 발짝도 뛰지 못했던 심정을 알간

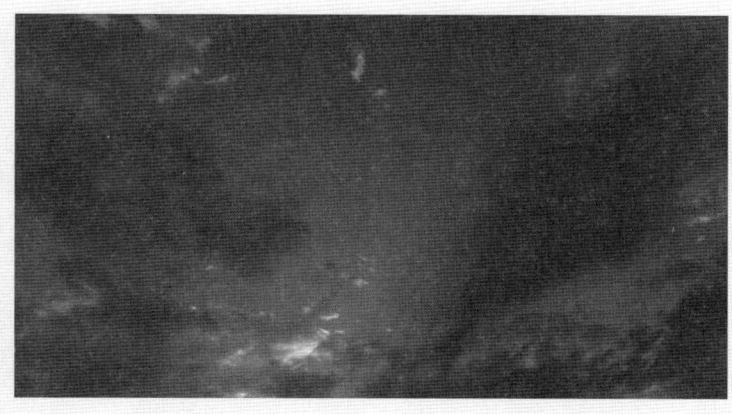

이강진 지음

자해감정#

공익성 공지문

이 책은 특정 개인이나 회사를 비방하기 위한 목적이 아니라,
대한민국 노동 현장의 부조리와 사각지대를 공론화하여
사회적 변화를 촉구하고자 하는
공익적 목적으로 작성되었습니다.
글 속 인물 및 일부 표현은 현실을 반영하되,
독자적 해석과 장치를 포함하고 있습니다.
이 기록은 노동부 판결에 근거한 사실에 기반하고 있으며,
제도권 밖에 놓인 현실을 조명하고
이를 통해, 제도적 변화의 필요성을 알리고자 합니다.

필자의 말

이 글은 개인의 경험이자 수많은 비정규직,
저임금 노동자들의 현실을 반영한 기록이다.
내가 겪은 사건은 단지 한 사람의 억울함이 아니라,
노동현장 곳곳에서 묵살되어 온 목소리 중 하나일 뿐이다.
글을 쓰며 나는 고통을 다시 들여다봤지만,
그 고통은 이제 나만의 것이 아니다.
이 기록이 누군가의 억울함을 덜고,
또 다른 '나' 같은 일을 겪지 않도록 하는
작은 발걸음이 되길 바라는 심경으로
사비를 들여 자비 출판을 하였다.
진실은 언제나 고요히 남는다.
나는 그것을 믿고, 오늘도 펜을 든다.

— 강진

똥가루의 춤, 그리고 노동자의 그림자

똥가루,
그 금빛 모래알이 세상의 모든 강물을 지배하고 춤추는 한,
노동의 손은 언제나 그 그림자 속에 묶여 있어야 하는가.

우리는 꿈꿉니다.
자본의 탐욕스러운 덩치와 노동의 땀 흘린 손이
어느 한 쪽으로 기울지 않고, 동등한 눈빛으로 마주 보며
함께 나아가는 세상을.
그곳에서는 똥가루가 흙먼지처럼 공평히 흩뿌려지고,
노동의 가치는 존중받아 마땅한 빛으로
빛날 것이라 믿었습니다.
함께 일구어낸 열매를 공정하게 나누며,
누구도 춥고 배고프지 않을 그런 세상.

그러나 아아, 현실은 가혹한 비극입니다.

똥가루가 쌓아올린 높은 탑 아래,
노동은 늘 허리 굽혀야 하는 존재.
자본은 미소 띤 얼굴로 손을 내밀었지만,
그 손에 쥐여준 것은 단지
한 노동이 흘린 땀의 대가가 아닌,
그저 마지막 숨을 거두기 전 입혀주는
쓸쓸한 작별의 예복일 뿐.

끝내 노동은 똥가루의 차가운 등 뒤에서,
소리 없는 눈물과 함께 쓸쓸히 떠나갑니다.
뒤돌아볼 겨를도 없이,
자신의 모든 것을 바쳤던 자리에서 밀려나,
저물어 가는 노을 속으로 사라지는 뒷모습은
언제나 외롭습니다.
공평한 분배와 존중은 한낱 꿈속의 속살이었을 뿐,
현실의 파도는 노동을 또다시
이름 없는 바닥으로 밀어낼 뿐입니다.

이 비통한 현실 속에서,
우리는 다시 묻습니다.
과연 똥가루의 춤이 멈추고
노동이 제자리를 찾을 날은 올 것인가.
아니면,
이 쓸쓸한 퇴장이 영원히 반복될 운명인가.

견딜 수 없었던 나는 썼다

이건 글이 아니다.
지어낸 말도 아니고.
있지도 않은 일을 부풀린 소설도 아니다.

참았고, 버티고,
더는 안 되겠다 싶어
결국 이렇게 쓰게 됐다.
말로 꺼내면 흘러버릴 것 같고
가슴에만 담아두면 터질 것 같아서
글이라도 남기기로 하였다.

누구는 말하겠지.
그까짓 회사 일 가지고 왜 그러냐고.
겪어보지 않은 사람은 그렇게 말할 수 있다.
하지만 그게 전부가 아니었다.

겪은 건 단순한 직장 일이 아니었다.
비열한 말
교묘한 횡포
눈치 속에서 짓눌린 자존심
급여보다, 직책보다
사람을 무너뜨리는 방식이 더 문제였다.

정당한 대우를 바라는 게 아니다.
사람대접을 받고 싶었을 뿐이다.

나는 작가도 아니고, 시인도 아니다.
문장을 배운 적도, 글을 가르쳐 준 사람도 없었다.
그렇다고 누가 써 주지도 않았다.
그저 억울했다.
말 못 하고 들어줄 사람도 없는 상황에서
글밖에 남는 게 없었다.

그래서 썼다.
말 대신
눈물 대신
글로라도 이걸 박아두고 싶었다.

이건 분노다.
이건 살아 있다는 증거다.

누군가는 웃고 넘기겠지.
하지만 어떤 이는 고개를 끄덕일 것이다.
"나도 겪었다"고.
"이거, 내 얘기 같다"고.

나는 그런 사람들을 위해,
그리고 아직도 말 못 하고 삼키고 있는
누군가를 위해, 이 기록을 남긴다.

2025년 어느 날부터
쓰지 않으면 견딜 수 없었던
그날들의 기록 앞에서.

— 강진

심장을 꺼내는 글쓰기

내 이야기를 내놓는다는 건
심장을 꺼내는 일이었다.
남들처럼 잘 다듬어진 문장도 아니고,
화려한 수사도 없었다.
그저 몸뚱이 하나로 살아낸
날것 그대로의 말들뿐이었다.
그래서 두려웠다.
하지만 이 말이 누군가에게 닿을 수 있다면
그 두려움조차 견뎌볼 만하다고 느꼈다.

나는 말을 매끄럽게 엮을 줄 모른다.
글이라는 게 뚝뚝 끊기고,
가끔은 어설프게 흐르기도 했다.
하지만 거기엔
한 뼘씩 살아낸 날들이 묻어 있었다.
그것이 누군가에게
힘으로 읽힐 수 있다는 말을 들으며
내 글에도 의미가 있다고 믿고 싶었다.

나는 배움이 짧다는 소리를 수도 없이 들었다.
글을 쓰는 내내 '이래도 되나' 하고
머뭇거리기도 했다.
하지만 이제는 안다.

나는 배운 글이 아니라
살아낸 글을 쓰는 사람이다.
피가 지나간 자리,
침묵이 얼어붙은 자리마다
한 줄씩 꾹꾹 눌러 써왔다.
그래서 이 글은
가르침이 아니라 삶의 흔적이다.

내 글이 자랑스럽다고 생각한 적은 없었다.
그저 살아내기 위해 썼고,
견디기 위해 썼을 뿐이다.
그러나 지금은 조금 달라졌다.
나는 살아남기 위해 글을 썼고,
그 글 덕분에 지금껏 살아왔다.
이것은 부끄러운 일이 아니라.
내 안에 남아 있던 마지막 불씨였다고 믿고 싶다.

명예라는 말은 내게 낯설고
어울리지 않는 옷처럼 느껴졌다.
하지만 이젠 생각이 달라졌다.
내가 쓰는 글이
누군가를 붙잡을 수 있다면
그건 분명 기록이고
존재의 증명이라 생각한다.
나는 지금
글로 나 자신을 다시 일으켜 세우고 있다.

때때로 흔들렸지만
내가 걸어온 길을 부정하지 않는다.
비틀거리며 왔어도
분명히 내 발로 디딘 길이었다.
이 글은 회한의 기록이 아니다.
살아 있는 증거로 남기고 싶다.
지금 내가 쓰는 이 문장이
누군가에게
살아갈 이유 한 조각이 되었으면 좋겠다.

들어가는 말

못 배운 서러움이란 게 그렇더라.
학교 문턱에도 못 가본 죄.
은행에 가면 옆 사람 손을 빌려야 했던 죄.
글자가 하얀 무게 아래서 늘 숨죽이고
도장 찍을 때마다 그 서러움을
내 자식에게 물려주지 않겠노라 이를 악물었다.

아버지
당신은 지식의 대물림을 해주지 못한
죄인처럼 살아오셨지만,
사람들 앞에 가슴 펴고 살 수 있는
'인정받는 삶'을 물려주려 안간힘을 쓰셨지요,
그러나 세상은 아버님 뜻을 쉽게 허락하지 않았습니다.

나의 삶은 아버지의 염원을 정면으로 거스르며 시작되었다.
십 대부터 밤거리의 불빛 속에 스며들어 유흥업소를 전전하다
서른을 바라보는 나이에 외삼촌 손에 이끌려
목욕탕의 뜨거운 김 속으로 들어갔다.

그렇게 시작된 때밀이 인생.
'이곳도 직업이다' 마음을 다잡고,
손등이 벗겨지고 허리가 휘도록 열심히 일했다.

세월이 지나고, 손엔 굳은살이 박였고.
등에는 세월의 무늬처럼 남았지만
노후란 건, 보장 없는 미래란 건
언제나 그림자처럼 따라왔다.

그래서 생각했다.
'이대로는 안 된다.'

뼈 깎는 마음으로 때를 벗기던 손을 멈추고
쌀 한 가마니를 팔아 놓고 이발 학원에 등록했다.
이발 자격증 하나 따보겠다고.

그 한 장의 종이, 자격증이
내 인생을 바꿔줄 줄 알았다.

하지만 세상은 냉정했다.
자격증만 있다고 누가 머리를 맡기랴.

기술이 없으니 손님은 외면했고
손등에 물집이 생겨도 하루 종일 문 닫고 앉아 있었다.

그럼에도 먹고 살아야 하니
때밀이와 이발을 함께 물고 갔다.

이발소 없는 목욕탕에서 주인과 합의를 보고
대한민국 최초의 '이발 겸 때밀이'가 탄생되었다.

나도 웃긴다 싶으면서도 웃을 틈도 없었다.

그러다 IMF가 터지고 실업자가 들불처럼 번지자
국가가 고용촉진을 내세워 기술을 가르쳐 주겠다고 나섰다.

그래. 기술이라도 배우면 살 수 있겠지 싶었다.
그 덕에 미용사도 쌓여갔고, 결국 그 많은 기술자들이
밥그릇 하나씩 나누는 신세가 되었다.

내 몸뚱이로 겨우 굴러가는 삶이 계속됐다.

그러다 습득은 되었지만
허나 그마저도 오래 가지 않았다.

목욕탕은 어느새 사우나로,
사우나는 찜질방으로,
찜질방은 테마파크로 변해가며,
우릴 낡은 세대라 부르더군.

기술로 버티던 세상이,
기계와 마케팅 앞에서 속절없이 무너지는 걸 지켜보았다.

그래서 또 한 번 결심했다.
'그래, 기술이 아니라 자격이다.'

가스안전관리자 자격증을 땄다.
기관장 자리 하나 구해보자며 소개소를 찾았다.
'이제 때밀이도 이발도 그만두련다.'

기관장 자리에 나 좀 넣어주게.
성민구에 하나 있다 하더군.

월급은 150만 원 많지 않았다.
몇십 년 익숙했던 직업을 접자니
아쉬움에 흔들리듯 스르르 떨리더군.
'또 한 번 가보자' 싶어 짐을 들었다.

면접 당시 아무 말도 없었다.
괴나리봇짐 풀어 제쳐 놓은 거 확인하고 난 후
스리슬쩍 구렁이 담 넘어와
프런트 3시간 근무까지 추가하여 망설였지만
또다시 짐보따리 들쳐 메고, 나이 처먹어 가지고 떠나가려니.
서러움이 밀려와 눌러앉았다.

그렇게 나는, 오늘도 변함없이 손에 연장이 아닌
때타월을 끌어안으며, 가위와 빗을 부여잡고
또다시, 벅벅 밀고 깎아냈다.

잊혀가는 이발 미련보다는
인간들이 제일 싫어하는 '때'와 28살에 인연을 맺어
지금 이 순간까지 함께해 오다가 떨쳐 버리려니

온 몸뚱이가 스르르 떨리더군.
월급 몇 푼에 휘둘리지 않고
그냥 계획대로 기관장을 선택하여 지금 퇴직하였더라면
노년 걱정 하지 않아도 될 텐데.
순간의 선택이 이렇게 바꿔 놓을 줄이야.
누가 알았던가?

그날 짐을 풀지만 않았더라면,
지금 나는 다른 풍경 속에
앉아 있지 않을까?

하지만 인생이란
늘 뒤에서만 보이는 길이다.

☂ 솔직히 이 글을 작성하는 동안 많이 울었다.
때로는, 너무 서럽고, 너무 분하고, 너무 억울해, 샤프를 집어 던지기도 하는 과정을 수개월에 거친 끝에 눈물로 범벅된 한 권의 책이 탄생하였다.

♥ 당신이 배우지 못해 한 발짝도 제대로 내딛지 못했던 그 걸음을 물려주지 않으려, 대한민국 용접봉 업체 빅 쓰리를 전전하시며 회색 광물질을 수도 없이 들이마시며 일을 하셨다. 그 가루가 당신 폐에 깊숙이 쌓여 48세 짧은 생을 만성기관지 폐쇄성 질환이라는 이름으로 덮었읍니다.

♥ 이 글은 먼저 당신께 바칩니다.
기술적인 부분 보안을 거쳐, 관련한 당신의 삶 전체를 담아 바치겠읍니다.

♥ 아버지 사랑합니다.

이 책의 차례

공익성 공지문 · 4
필자의 말 · 5
똥가루의 춤, 그리고 노동자의 그림자 · 6
견딜 수 없었던 나는 썼다 · 8
심장을 꺼내는 글쓰기 · 11
들어가는 말 · 14

한 줌의 땀, 말이 되다

날아가는 똥가루, 멈추지 않는 시간 · 26
정부와 입법부에 드리는 호소문 · 29
가라면 내가 갈 줄 알았더냐 · 31
맞짱 위에 세워진 자본의 탑 · 33
증거는 내가, 싸움도 내가 · 35
누가 무엇을 협의했을까 · 39
입김 속의 금요일 · 41
노동자의 목소리 · 43
실버타운 목욕탕에서 쓴 노동의 기록 · 47
법적으로는 이겼지만 나는 졌다 · 52

나는 못 가네 · 54

사우나 남탕, 2013년 10월 11일 · 57

가을 실바람과 나 · 59

서글픈 인생, 사우나의 거울 앞에서 · 60

나는 왜, 그 자리에 오르지 못했을까 · 62

그 의자 내 자리야 · 66

괴나리봇짐 들춰 메고 똥가루에 떠밀리는 인생 · 67

나는! 왜 · 72

왜! 왜! 왜! · 76

찬 바람 속의 실업 인정 · 77

그림자 속에서 웃는 자

사인 대신 던졌다 · 84

짐짝의 주소 · 87

그날의 끝 · 92

책을 건넨 손, 책을 밀어낸 손 · 97

이율배반의 증기 속에서 · 99

사인의 무게 · 101

입막음의 기술 · 104

사인, 그리고 그날의 물비린내 · 106

외로움은 나의 벗, 생존은 나의 펜 · 109

그만두고 나서야, 글이 되었다 · 112

고상한 말로 싸구려 노동을 사들이는 자

우리는 거품이었다 · 116
거품의 자리 · 118
내가 짐인가 · 120
마지막 문턱에서 · 124
실버라는 이름의 허상 · 128
나는 보았소 · 131
밴댕이 소갈머리의 반격 · 133
춤추는 펜 · 136
결정 · 138
무릎 꿇은 자에게 주먹을 휘두른 자본 · 139
나는 갈 수 없네 · 141
한마디의 무게 · 143
숫자 맞추기 위한 야유회 · 145
막힌 카페 닫힌 입 · 147
한 끼, 한숨, 한 사람 · 149
꿈이 사라지고 난 후 · 153
자존심, 전당포, 안전의 구멍 · 154
멀티맨의 그림자 · 156
패배가 나를 살렸다 · 159
먹물의 이름으로 지배한 자여 · 162
자본의 주먹에 노동의 심장을 던지다 · 164
무빈소 1 · 166
무빈소 2 · 171

작은 권력에 취한 인간

간신의 혀끝 · 176

만년필 대신 칫솔 · 179

느물느물한 자의 언변 · 184

결석의 값, 혹은 그 이상의 의미 · 187

죽통 한 방 갈기고 나가고 싶었던 날 · 190

등 돌린 이름, 팀장나리님 · 194

왜소한 남자의 무거운 몸짓 · 196

하얀 가운과 침대 · 201

담배 연기, 그 무게 · 204

의자 없는 사람 · 206

잔머리로 무게를 재는 자 · 209

웃음 뒤엔 감춰진 얼굴이 있다

거울을 피했다 · 214

나오는 말 · 216

한 줌의 땀,
말이 되다

"내 이름은 강진이 아니다.
어제의 땀이 오늘의 나를 만든 이름이다."

날아가는 똥가루, 멈추지 않은 시간

고용노동부에서
출석요구 카톡이 왔습니다.

나는 피해자로 출석하였습니다.
하지만 가해자는
요리 뺀들 조리 뺀들
출석을 미루며 빠져나갔습니다.

날짜는 또 연기되고,
시간은 하염없이 흘러갑니다.

그사이
내 똥가루는 한 점, 또 한 점
공중에 흩날립니다.
세상이 내 고통을
하찮은 먼지쯤으로 취급하고 있었습니다.

나는 솔직히
합의할 마음이 없었습니다.

헌법소원까지 가고 싶었습니다.
내 사건이 판례가 되고,
이 땅의 누군가에겐 이정표가 되길 바랐습니다.

그러나—
자본주의에서
자본이 없다는 건,
죽음보다 더 잔인한 생존입니다.

나는 그 고통 속에서 버텼고,
결국, 타협이라는 이름 앞에
몸을 구부릴 수밖에 없었습니다.

그리고 알았습니다.

그들은 알고 있었습니다.
시간이 그들 편이라는 것을.

2024년 ○월 ○일
'진정건 송치일자 확인 송치 전 근로감독관 협의'
이라는 문구가 업무일지에 올라왔을 때
나는 그것이 의도된 지연임을 직감했습니다.

소멸시효 3년
10년, 20년을 불법으로 갈아 넣고도
고작 3년 치만 보상하면
남는 장사 아닙니까?

그 법,
그 잔인한 방패,
누구를 위해 존재합니까?

저는 말합니다.
자본이 법 위에 있지 않도록
법이 사람 위에 있고
사람이 법 위에 있지 않도록
노동과 자본이
진정 평등한 세상을 위해

이 진술을
이 시를
이 고발을
남깁니다.

이상 진술을 마칩니다.

정부와 입법부에 드리는 호소문

저는 이 글을 단지 제 억울함을 알리기 위한 진술로만
끝내고 싶지 않습니다.
지금 이 순간에도 수많은 노동자들이
계약서라는 이름의 덫에 걸려,
'휴게시간'이라는 허울 뒤에 가려진
노동의 시간을 빼앗기고 있읍니다.

불법과 편법이 10년, 20년간 누적되어도
단지 '3년'의 소멸시효만 인정하는 현재의 제도는
결국 사용주에게 시간 끌기라는 전략을
허락해 주고 있읍니다.

시간이 흐를수록
노동의 권리는 사라지고
증거는 지워지며
정당한 보상은 깎이고
억울함은 조롱당합니다.

그리하여 요청드립니다.

- 근로기준법상 임금채권 소멸시효를 3년에서 10년으로 연장해 주십시오.
- 사용자 출석 지연 및 불응에 대한 실질적 제재 규정을 마련해 주십시오.

- 고용노동부는 진정인의 진술을 "기계적으로 처리"하지 말고, 현장 실태와 일지, 증언을 중심으로 구체적 노동 실태를 판단해 주십시오.

억울하게 흘린 노동의 땀방울이
시간 속으로 사라지지 않도록,
이 땅의 법과 제도가
제발 더디게라도 정의 쪽으로 기울어지기를 바랍니다.

이상 진술과 호소를 함께 마칩니다.

가라면 내가 갈 줄 알았더냐

이대로는 못 가지.
가라면 내가 갈 줄 알았더냐.
십여 년을 바쳐 일한 나를
하나의 부속처럼 떼어내며
너는 아무렇지도 않게 등을 돌렸지.

그렇게 나를 내치면
네 마음은 편하고
나는 땅바닥을 기며
눈물로 후회할 줄 알았더냐.

너는 몰랐지.
내가 흘린 땀방울마다
내 피와 살이 깃들어 있다는 걸.
그곳이 내 삶이었고
내 청춘이었고
내 마지막 자존심이었음을.

나 떠나면 네가 자유로울 알았지?
하지만 너도 알고 있었을 거다.
네가 쌓아올린 것들은
내 노동 위에 세워졌다는 걸.

자본의 실탄을 꺼내어
날 향해 쏘아대던 그날.
너는 이미 너의 몰락을
예고하고 있었는지도 모른다.

이 아둔한 주인나리님이시여,
내가 없는 그 자리는
곧 허물어질 터전이요.
텅 빈 껍데기이리니.

네가 쌓아올린 기업이
반석 위에 굳건히 서서
영원할 줄 알았더냐?

허나 보아라.
하나둘씩 금이 가고
돌처럼 쌓은 터가
조용히, 그러나 분명히
무너져 내릴 것을.

오오오오오옹….
이 울림은 내 저주가 아니다.
이건 내가 남기는
너의 미래다.

맞짱 위에 세워진 자본의 탑

누구나 링 위에 올라 맞짱을 뜨는 구조다.
그 맞짱은 주먹이 아니라 자본으로 휘두르는 펀치다.

누군가는 태어날 때부터 헤비급.
누군가는 장갑조차 없이 벌거벗은 채 올라선다.

사람들은 말한다.
"자본만 있으면 편안하게 살 수 있다"고.
그래서 모두들 자본을 취득하려
주먹 쥔 채 땀 흘리며 버틴다.

하지만 정말 그들이 바라는 건
자본을 통해 얻고 싶은 건 바로
'인정'이다.

"저 사람 성공했네."
"부럽다."
"대단하다."

이런 말들이 날아올 때,
비로소 사람들은 자신의 주먹에 의미를 느낀다.

그래서 세상은 말해준다.
자본을 얻는 것보다 인정받는 것이 훨씬 어렵다고.

그래서
자본으로 어퍼컷을 날려도
관중은 고개를 돌리고,
심판은 외면하고,
포인트는 쌓이지 않는다.

결국 진짜 경기는
자본이 아닌 인정을 걸고 싸우는 싸움이다.
그 인정은
피 흘리는 노동,
살점 떨어지는 현실,
불공정한 경기 속에서
끝까지 쓰러지지 않고 버틴 자에게 주어지는
조용한 박수다.

그러니 이 사회는
맞짱으로 보이지만,
사실은
인정을 향한 절규로 가득 찬 링 위다.

증거는 내가, 싸움도 내가

인천에 주소를 둔 나는,
서울이라는 거대한 배 속에서
하루하루 밥을 벌어
목구멍에 쓸어 넣고 있었다.

합의는 물 건너갔고,
부사장나리님과 전무나리님의 벽은 높았다.
말로 풀자니 그들은 귀를 닫았고,
결국 나는 법의 문을 두드리기로 했다.

법정 대리인이 필요했다.
내 지역, 인천 노동권익센터에 전화를 걸었다.
무료 노무사 지원이 가능하다는 말에
한편으론 그래도
'내 수통 빠져나갈 똥가루 같은 인생이라도
같은 지역 사람 하나쯤 밥줄 놓지 않게 도와주자'는
희미한 온정도 있었다.

"400만 원 이하면 무료 선임 가능합니다."

하지만 생각해 보았다.
싸움은 한 판이다.
엉터리 도구를 들고 링에 오를 수는 없었다.
'무료 노무사'라는 말이 주는 안일함이

이미 결과를 말해주고 있었다.
나는 결심했다.
돈을 주더라도, 원터치로 뽑아낼 사람과 싸우자.

그래서 유료 노무사를 택했다.
2024년 8월 5일
햇살이 콘크리트를 지지는 날,
그와의 첫 미팅을 잡았다.
그런데 당일 아침 9시가 되어서야 전화가 왔다.
"12시쯤 뵐 수 있을까요?"

'이 무례한 작자 같으니라고….'
속으로 중얼거렸지만, 참았다.
싸움은 감정보다 냉정이 먼저니까.

카페에서 마주한 노무사.
옆자리에 그녀의 남편과 어린 아들이 함께 와 있었다.
꼬마는 책을 읽고 있었다.
나는 자연스레 말을 건넸다.
"너 공부 잘하니?"

그리고
오만 원 한 장을 건넸다.

"공부 잘해서,
엄마같이 훌륭한 사람 되어

힘없는 사람들을 도와주는 어른이 되어라."

맑은 인사와 함께 아이는
"2×5는 10"을 외우며 웃었다.
그 짧은 순간,
이 딱딱한 싸움판 속에
작은 훈기가 번져들었다.

그러나 나는 금세 현실로 돌아왔다.
노무사는 조심스레 말을 꺼냈다.
"전문 노무사를 원하시면 연결해 드릴 수도 있습니다."

"선생님은 전문이 아니십니까?"
말끝을 흐리는 그에게서,
나는 싸움이 어떻게 흘러가는지를 본능적으로 읽었다.

노무사는 나와 한 배를 탄 듯 보이지만,
결국 합의가 이루어져야 수임료를 받을 수 있는 구조다.
내가 이기지 못하면, 그도 빈손이다.
그러니 그의 눈은
내 억울함보다
오로지 합의에만 몰두해 있다.

그게 현실이다.
의뢰인을 위한다고 하지만,
변호사든 노무사든

결국 수임료를 따낸다.
의리도, 정의도, 돈 앞에선 희미해진다.

하지만 나는 다르다.
이 싸움은 내가 이끈다.
누구보다 내가 증거자료를 소장하고 있으며,
사건의 흐름을 꿰뚫고 있다.
노무사는 필요하지만, 필수는 아니다.

그는, 그래도 내 곁을 도는 따뜻한 바람일 수 있지만
내 대신 주먹을 쥐어줄 순 없다.
한 배를 타긴 했지만,
노는 내가 젓는다.
파도 위에 설 건 결국 나다.

회사든 변호사든
모두 각자의 셈법으로 움직이지만,
나는 내일을 위해 싸운다.

누가 무엇을 협의했을까

2024년 ○월 ○일, 금요일이었다.
사람들의 입에서는 "송치 일자 확인"
송치 전 근로감독관 협의라는
말들이 잿빛 입김처럼 흘러나왔다.

그 말, 어디서 흘러나왔을까.
누가, 누구에게, 무엇을 협의했을까.
협의가 필요했다는 건,
감춰야 할 무언가가 있었다는 뜻은 아닐까.
송치 일자가 오르내렸다는 건,
이미 뭔가가 그날로 정해졌다는 건 아닐까.

감독관과 사용자.
테이블 건너편에 앉아 나누었을 말들이
정말 '법'을 위한 협의였을까,
아니면 법을 비껴가기 위한 협의였을까.

찬 바람이 스며드는 금요일의 공기 속,
그 말들은 은빛 서늘함과 회색 불안을 동시에 품고 떠돌았다.
누군가의 입에서 나온 그 말들은
투명한 겨울 햇빛에 비치면 잠시 희미해졌다가도.
다시 내 귀에 닿으면 서걱거리는 소리로 변했다.

송치라는 말은
철제 서랍을 여닫을 때 들리는 금속성의 떨림 같았고.
협의라는 말은
커피잔 위로 피어오르는 김처럼,
무언가를 감추듯이 퍼져 나갔다.

나는 그날의 회색 그림자를 기억한다.
그날 금요일이었다는 사실만이 명확했다.
나머지는 잿빛 입김처럼 흘러가 버렸지만,
그날의 공기는 아직도 내 숨결 속에 남아 있다.

입김 속의 금요일

휴게시간 1시간 30분
그 시간은 휴게가 아니라 대기였다.
프런트는 10분이라도 비울 수 없었기에
고정적으로 자리를 지켜야만 했고,
손님이 들어서면 이발을 하고.
누군가 내팽개쳐 놓은 땀 냄새 밴 수건들을
세탁기에서 접어 나르고,
탈의실 바닥에 떨어진 물기를 걸레로 닦았다.

휴게라는 이름의 시간에도
나는 내 몸을 묶어두고 있어야 했다.
휴게라는 간판 아래에서도
나는 여전히 사용자의 지휘 아래 있는 노동자였다.

편의점 아르바이트생이
한 시간 중 10분만 계산되는 것이 아니듯,
세탁실의 공기, 이발실의 가위 소리,
때를 밀던 따뜻한 물의 수증기,
탈의실 바닥을 닦으며 젖어버린 발목의 물기조차
모두 내 노동의 일부였다.

법은 말한다.
근로기준법 제50조,
"사용자의 지휘 감독 아래 있는 시간은 근로시간으로 본다."

법은 운운하되,
현장은 내 시간을 쪼갠다.
"이건 휴게고, 저건 근로고."
그러나 현실은 그렇게 깔끔이 나뉘지 않는다.
그때도 나는 숨죽이며 대기했고, 움직였고,
손을 움직이는 순간마다 노동이었다.

노동자의 목소리

이러면 안 된다
너의 빡통과 나의 빡통이 부딪히던 그날,
"떠나라"는 그 말에 힘이 없었다.

열세 해 세월 동안 고개를 떨궜던
그 지난 시절 아픔들이 밀려와
내 빡통 속에 튀어오른 불꽃은
쉬여 감겨온 바람결에 검게 그을린
검은 숯덩이 하나로 날아오르는 잿가루가 되었다.

마주 잡은 손끝에 피어올라
솟구쳐 올라 불의와 대작할 힘을 주었다.

한때는 검찰총장 출신 고문 변호사가 배치되어 있었고,
지금은 막강한 법인 고문 변호사가 배치되어 있다.

그리고 주인나리님의 아들은
5대 그룹 안에 속해있는 기업에 법무팀에서
근무하고 있다.
직접 권한은 없었지만,
그런 자리에 있는 분이라면
적어도 죄의 중대성은 머릿속에 남아 있다.

나는 내 힘으로, 그 어떤 도움도 없이
법 앞에 서야 했다.
그들은 법이라는 단단한 갑옷을 두르고 있었다.

내 목숨줄을 쥐락펴락 주물러 온 주인나리님은
불법을 동원하였다.

시간 착취당한 임금을 되찾으려
자본권력에 대항하며 법에 호소하였다.

아, 그런데 노동법은 원칙적으로
임금 청구권 소멸시효가 3년이었다.
그 말은
13년을 일해도.
그중 고작 3년 치만 법적으로 청구할 수 있다는 뜻이었다.
그 순간, 얼마나 억울하던가.

내가 피땀 흘려 일한 시간들이
서류상 '소멸'이라는 말로
연기처럼 사라진다.
하지만 나는 물러서지 않았다.

노무사를 선임하고.
시간을 되짚고 증거를 모으고, 노동청 문을 들락날락하며
나도 몰랐던 법 조항 하나하나 붙잡고 늘어졌다.

그렇게 나는 소멸시효를 중단시키는 길을 찾아냈고,
그 결과
단지 3년 치가 아닌
5년 치 임금을 되찾을 수 있었다.

그건 정말
법과 자본 사이를 홀로 헤엄쳐
내가 쟁취한 결과였다.

하지만 그럼에도 남은 8년
그 시간은 법의 시간 밖에 있었고
내가 아무리 몸이 부서져라 일했어도
그 기억은
주인나리님의 주머니에 고스란히 흡수되어 사라졌다.

나는 내 몸으로 일했고,
그는 내 시간을 착취했으며,
법은 내 노동의 반 이상을
기억하지 않았다.

그래서 나는 서러웠다.
그래도, 외쳤다.

너무 서러워하지 말아라.
8년 친구 떠나간 녀석들은
그래 그렇게 잘 처먹고 잘살라 하고.

내가 있는데,
살다 보면 너를 목구멍 거미줄 치게 하겠니.

친구야, 내가 지켜줄 것이다.
걱정 말고 어여, 힘을 내라.
너같이 가여운 친구가 또다시 발생하지 않도록,
거대 바위산을 밟고 올라가
위에서 노니고 있는 자본을 깨부수어라.
시간의 흐름 속에 모든 생물이 진화되듯,
상품에 주체인 노동자 몫으로 돌아갈 수 있도록,
어여 노동법을 진화시켜라.

실버타운 목욕탕에서 쓴 노동의 기록

마음을 바쳐 일한 13년 6개월 동안
나는 실버타운 목욕탕에서
이발사로, 때밀이로, 수건 빠는 이로,
노인들 뒤치다꺼리하는 도우미로, 프런트 근무자로,
그리고 노인의 마지막을 지키는 사람으로,
13년 6개월을 일했다.

이발은 내 주된 일이었다.
자리에 앉은 노인의 희미한 눈동자를 마주하며
긴 머리를 조심스럽게 다듬었다.
그 짧은 머리칼 틈으로
그들의 지난 세월이 흩날리는 듯했다.

때를 밀며 말없이 등을 문지르는 그 순간,
나는 단순히 때를 벗기는 것이 아니라
남은 생애의 체온을 품어 안고 있다는 걸 느꼈다.
탕 안에는 종종 똥을 흘리는 어르신들이 있었다.
어떤 이는 자신도 모르게 흘렸고,
또 어떤 이는 알고도 괄약근이 말을 듣지 않아 흘렸다.
심지어는 흘린 똥을 치우고 있는 내 모습을 슬쩍 바라보며,
'당연히 네가 치워야지'라는 눈빛으로
체온을 품어 안고 돌아섰다.
그 시선에는 미안함도, 부끄러움도 없었다.

그저 익숙한 듯 무심함만,
'그건 네 몫이다'라는 차가운 당연함만 남아있었다.
나는 말없이
무릎을 꿇고 바닥을 닦았다.
사람들이 본능적으로 가장 외면하고 싶어 하는
'똥'을
나는 종종 두 손으로 닦았다.

그것이 노인의 존엄을 지키는 일이라 생각했기 때문이었다.
다치지 않게.
이건 단순한 청소가 아니었다.
그 누구도 대신하지 않던 자리를
내가 조용히 지켜낸 시간이었다.
나는 단지 목욕탕에서 일한 것이 아니다.
새벽엔 문을 열고,
정규 8시간 외 점심시간엔 교대를 하였다.
저녁까지 이어지는 연장 근무는
가끔 잔업이 아니라 고정된 업무였다.
목욕탕 안전관리, 탈의실 탕 정리, 수건 빨기,
프런트 점심시간 1시간 30분 및 저녁 식사 교대,
그리고 이발, 때밀이 등등
하루에도 몇 번씩 맡은 일이 바뀌었고,
나는 매 순간 '사람을 위한 일'이라는 마음으로 버텼다.

그리고 나는 정기적으로 정해진 날짜에
주인나리님 집으로 직접 찾아가

몸을 제대로 가누지 못하시는 주인나리님 부친의
이발 목욕을 도맡았다.

휠체어에 앉은 상태에서 머리를 깎아 드리고,
집 안의 목욕탕으로 모셔서
천천히, 조심스럽게 몸을 씻겨드렸다.

그러는 도중, 똥을 싸기도 했다.
나는 놀라지 않았다.
그 나이, 그 몸이면
그럴 수 있다는 걸
이미 실버타운 현장에서 수없이 겪어
알고 있었기 때문이었다.

목욕을 마치고 방으로 모셔와
마무리를 하려는 순간에도
그분은 다시 똥을 쌌고.
나는 말없이 다시 돌려
목욕탕으로 되돌아가 다시 씻겨 드렸다.

그때 나는,
이 일이 단지 '고용된 일'이 아니라,
한 사람의 마지막 품위를 지켜내는 일이라는 것을
가슴 깊이 느꼈다.
비누칠보다 오래 남은 건
냄새가 아니었다.

내 손에 닿았던 체온,
내 마음에 남은 인간에 대한 예의였다.

그러나 그 수많은 시간의 대가는
제자리로 돌아갔다.
내가 한 노동은 분명했지만,
받은 보상은 늘 어딘가 비어 있었다.
수당은 줄어 있었고,
시간은 가려져 있었다.
그들의 계산기 위에서 내 시간은
조정되고 축소되어 있었다.

그러나 나는 멈추지 않았다.
무너진 몸과 굳은 손마디,
수첩에 눌러쓴 날짜 하나하나,
그 모든 기록을 끌어안고
고용노동부 문을 두드렸다.
법은 3년의 벽을 세웠다.
하지만 나는 거기서 멈추지 않았다.
형사소멸 시효 2년을 더해
총 5년 치 시간외 수당을 인정받았다.
그 순간,
내가 살아온 시간이
비로소 '사람의 시간'으로 돌아왔다.
묵인당했던 날들, 무시했던 노동,
이젠 누구도 부정할 수 없다.

이 글은 임금청구서가 아니다.
이건
한 사람의 생이 품었던 노동의 무게이며,
내가 사람으로 살아온 증거다.

법적으로는 이겼지만 나는 졌다

권력의 그늘 아래 자본은
총구처럼 나를 조준했다.
부당한 지시는 당연한 듯 내려졌고,
나는 매일 입을 다문 채 일터를 지켰다.
싸워봤자 소용없을 거란 체념.
누구도 쉽게 벗어날 수 없는 공포 속에서
시간은 흘러갔다.

하지만 결국 나는 더 참을 수 없었다.
노동청 문을 두드렸다.
불공정을 고발했고, 법이 있다는 믿음 하나로
정당함을 찾고자 했다.

그러자 그때부터 주변의 시선이 바뀌었다.
같이 일하던 동료들은
점점 말을 아꼈고.
선배도, 후배도,
하나둘씩 거리를 두었다.
나를 향한 외면은 점점 뚜렷해졌고,
결국 나는 싸움의 한복판에
혼자 서 있게 되었다.

회사는 합의를 제안했다.
그러나 그 조건에는
퇴직이라는 말이 조용히 숨어 있었다.
싸움은 끝났고, 법적으로는 내가 이겼다.

하지만 나는 남지 못했다.
눈물을 쏟을 곳 없이 가슴에 고였고,
이 억울함을, 이 현실을
누구도 쉽게 알아주지 않았다.

이건 내 이야기지만,
말 못 하는 수많은 노동자의 이야기이기도 하다.
지금도 누군가는 말 대신 침묵하고,
싸움 대신 체념하며 살아간다.
누군가는, 반드시
이 현실을 봐야 한다.

나는 못 가네

그놈의 가는 데란
똥가루처럼 부서진 천 갈래 만 갈래
산산조각 나 바람 속으로 흩어진다.
발버둥 쳐도 소리조차 낼 수 없는
이내 몸뚱이 도려낸 살처럼 끌려간다.

자본이 던진 회오리
그 안에 갇힌 나.
청록빛 수의 하나 걸치고
황토색 집으로 내몰린다.
가고 싶어서 가는 게 아니다.
이건 끌려가는 거다.
살점이 찢겨 나가듯, 조용히
그러나 피멍 든 채로.

또 다른 아픔이 기다리고 있었다.
목덜미를 낚아채듯
새 인생이 시작되기도 전에
나는 또 꿇어앉았다.
정착도 아니고 유배도 아닌
그저 찢긴 채로 버티는, 숨소리 없는 생존.

쉰 살을 넘긴 지금
나는 세상을 배우지 못했다.

눈동자 없이 세상을 본다.
그 어둠 속에서
뒷담화는 칼날처럼 날아들고
존재는 갈기갈기 찢긴다.
노동법이 있다고?
국가가 있다고?
웃기지 마라.

그 법은 자본이 삼켜버렸다.
편법이 뼈에 사무쳤고
불법이 나를 지워버렸다.

자본은 꿀처럼 넘쳐흘러
옷간 마다 가득하지만
나는 똥마저 흘러내린다.
텅 빈 뱃속
불꽃이 가슴을 태우고
그 뜨거움 속에서
재필과는 배설처럼 쏟아진다.

이건 시가 아니다.
이건 살을 베어낸 문장이다.
똥과 피와 범벅된 육필 진술서다.
죽지 못해 산 내가
살아서 흘리는 피눈물이다.

나는 오늘도
아픔을 잉태하고
아픔을 품에 끌어안고
넉신한 목숨줄 하나 붙잡고
버텨야 한다.

벗도 없고,
등도 없다.
다만 아픔만이
내 유일한 친구다.
무지렁이 노동자의 운명은
밑줄임표로 끝나지 않는다.
그건 지금도 진행 중인
처형이다.

사우나 남탕, 2013년 10월 11일
— 사각지대에서 보내는 절규

외국인도 아니고, 교포도 아니고,
탈북자도 아닌 나는
용역업체 직원보다도 못한
거대 중소기업의 남탕 한 귀퉁이에 서 있다.

근로자인데 위탁업체라며
등을 돌린 그 이름 아래,
상여금 명단에서 빠진 내 이름.
돈 십만 원에 오장육부 뒤틀리던 밤.

그래도 산 목숨, 거미줄 칠 순 없어
사각지대에 걸린 채
희망이라 불리는 낱말 하나 붙잡고
아픈 가슴 쓸어내린다.

웃고 있다.
억지웃음 속에 살아가는
나의 하루는,
늘 이리 치이고 저리 치이는
벗어 날 수 없는 굴레였다.

있는 사람들 틈에선
떨거지 취급받고

재정 규모 큰 회사의 울타리 안에서조차
한 줄기 햇살조차 비켜간다.

희망이 사치로 들리는 이 자리에서
급여 몇 푼에
마지막 남은 자존심까지 팔게 되어
너무 춥고 서글픈 일터.

나는 지금 이 순간,
빛이라도 한 줄기 비추는 곳을 향해
떠나고 싶어도 떠나지 못하는
이 심정, 누가 알아줄까.

2013년 10월 11일
사우나 남탕 그 수증기 자욱한 구석에서
나는 또 하루를 버텼다.

가을 실바람과 나

직원들 특별 상여금 받아
팔미도로 떠난 그날,
나는 홀로 남아
프런트 근무 하고 있다.
자영업자라 이름표 붙여진 채
상여금 한 푼 못 받고
빈자리 지키는 허전함 속에.

사우나 프런트 휠라 창가 너머
희끄무레한 창 사이로
가을 실바람이 스며든다.
나는 창밖을 멍하니 바라보다
긴 한 숨을 토해내지.

"같이 가자."
말 한마디 없이 떠난 그들 대신,
실바람이 말을 거네.
흐느적흐느적 허리춤 흔들며
"혼자 있지 말고 같이 놀자"고.

그 바람이라도
내 편이 되어주니,
이 자리가 덜 외롭고,
내 마음 덜 쓸쓸하네.

서글픈 인생, 사우나의 거울 앞에서

자식들한테 손 벌리지 않고 먹고살고
손주 손녀 용돈 몇 푼이라도 쥐여주려고
몸을 던진 이곳 사우나.

내가 다녀본 사우나 중
재정 제일 건실하다던 바로 그곳.
그런데 본인 때 안 밀어줬다고
이것저것 삭감하고,
지불해야 할 똥가루값마저 깎아 내리며
짐 쌀 시간조차 제대로 주지 않고
"빨리 꺼지라"며 재촉하는 그 입.

하루아침에 풍전등화 신세 되어
등에 봇짐 들쳐 메고 양손에 짐 보따리 쥔
칠십을 바라보는 노여인의
쓸쓸이 떠나는 뒷모습.

그 여인은 말이 없었다.
허리 한번 제대로 펴보지 못하고
손끝 마디마디 물집이 터지고 굳은살이 박여도
"괜찮다"는 말만 입에 달고 살던 사람.
그렇게 참고 또 참고 버티며 살아왔는데
이제 와선 쓸모없다며
조용히 사라지라는 냉정한 통보.

아— 누구를 탓할까.

실버타운 운영자를 손가락질할까.
그걸 묵인한 주인나리님을 욕할까.
아니면,
힘없는 저 여인의 무능을 탓해야 하나.

그녀는 죄가 없다.
다만, 가진 게 없었을 뿐이다.
이 사회가 만들어 놓은 잣대 속에서
버려지는 존재가 되었을 뿐이다.

가진 것 없는 자의 인생—
이토록 서럽고
이토록 잔혹하다.
그리고,
지금 이 순간도 어딘가에
또 다른 그녀가
짐 보따리 들고 문밖을 나서고 있을 것이다.

나는 왜, 그 자리에 오르지 못했을까

내가 근무하고 있는 이 일터는
고도의 전문지식을 요구하는 곳은 아니다.
수출을 하거나 최첨단 제품을 만드는 곳도 아니고,
화려한 이력서를 필요로 하는 곳도 아니다.
그러나 그 안에서 이루어지는 노동은 결코 가볍지 않다.

자격증이 필요한 부서도 있고,
기술적 숙련을 요하는 일도 있지만,
대부분은 책임과 인내로 버티는 자리다.
그래서인지 이 회사에는 명문대 출신이 단 한 사람뿐이다.
경희대 졸업인 경리이사 한 사람 외에는.
그 누구도 학벌을 무기로 내세우지 못할 것이다.
대부분 평범한 학력. 비슷한 실력,
그런 가운데 나와 같은 시기에 입사한 동료들은
하나둘 자격증을 따고,
회사의 방침에 따라 교육을 받고 팀장 반열에 올라갔다.

그런데 나는?
나는 '정규직'이 아니었다.
정확히 말하면,
회사에서 위탁업체 대표로 둔갑시켜 놓은 존재였다.
서류상으로는 사장이지만,
운동처방팀 소속으로 지휘 감독에 따라 몸을 움직여

정해준 근무지에서 노동을 하였다.
명함 한 장 차이로 사람대우는 하늘과 땅처럼 달라졌다.

팀장이 다른 부서로 옮겼을 때,
나보다 스무 해 이상 어린 직원이 그 자리를 차지했다.
입사도 내가 먼저였고, 현장 경험도 내가 더 많았다.
그러나 그는 정규직이었고,
나는 위탁 구조에 갇힌 외부인이었다.
회사가 나를 팀장으로 올리기 위해선
계약 변경, 급여 재조정,
법적 책임까지 수반되는 구조를 건드려야 했다.
결국 그들의 계산기 위에서는
내가 가장 부적절한 선택이었다.

이것이 오늘날 이중노동시장의 민낯이다.
같은 공간에서 같은 일을 하면서도,
한쪽은 이름 있는 사원증을 달고
'승진'이라는 사다리를 타고 올라가,
다른 한쪽은 '외주'라는 말로 단절된다.
서로 다른 인간으로 취급받는 것,
그것이 이 구조의 핵심이다.

나는 묵묵히 일만 하지 않았다.
부당하다고 느꼈고, 침묵하지 않았다.
그 결과 나는 회사 입장에서 '편한 사람'이 아니게 되었다.
그리고 나서야 알게 되었다.

회사가 원하는 건 능력 있는 사람보다.
말 없는 사람이라는 걸.

그러나 이 일은 단지 자격증 개수나
학력으로 판단할 수 있는 것이 아니다.
우리가 한 일은 노인 한 분, 한 분의
일거수일투족을 돌보는 고도의 대인노동이다.
기계처럼 반복되는 단순작업이 아니라,
매순간 예상치 못한 돌발상황에 대응하는
정신적 긴장과 감정 조율이 필요한 일이다.

어떤 날은, 어르신이 실내에서 대변을 보고도
"이건 네 운명이야."라고 말한다.
그 말 한마디에 담긴 인생의 무게를 모르면,
이 일을 이해할 수 없다.
그 순간은 청소하고 치우는 문제가 아니다.
치욕과 노쇠, 자존심과 체념이
동시에 터져 나오는 장면이다.

이건 감정노동이다.
몸보다 마음이 먼저 지쳐가는 일이다.
그리고 이 감정노동은,
20대나 30대가 아무리 똑똑하고 건강해도
쉽게 해낼 수 있는 일이 아니다.
왜냐하면, 사람들을 대하는 기술이 나이와 경험에서 온다.
책으로는 배울 수 없는, 수많은 삶의 순간을

마주한 사람만이 갖는 감각이 있기 때문이다.
그럼에도 회사는 사람보다 구조를, 감정보다 비용을,
경험보다 '순응'을 선택했다.
팀장나리님은 어느 날,
내가 늘 앉던 자리에 말도 없이 앉아
스마트폰만 만지작거렸다.
그의 행동은 이렇게 말하고 있었다.
"넌 내 밑이니까
주둥이 처 닥치고 거기 서있어."

나는 지금도 묻는다.
나는 왜 그 자리에 오르지 못했을까.
정말 내 능력이 부족해서였을까.
아니면, 인간 대우를 받고자 침묵하지 않은 죄였을까.

그 의자 내 자리야

의자 하나
열세 해 엮여 궁둥짝 허리 때 묻은
그 의자 하나를
나는 끝내 차지하지 못했다.
내가 닦았고,
내가 옮겼고,
내가 그 위에 허리를 숙였건만—

그들은
내가 앉지 않기를 바랐다.
입을 열지 않기를 바랐고,
눈을 들지 않기를 바랐다.

의자는 비어 있었고
나는 언제나 곁에 있었다.
단지,
정규직이 아니었다는 이유로,
그러나 잊지 말라.
나는 그 의자의 주인이었음을….

괴나리봇짐 들춰 메고 똥가루에 떠밀리는 인생

똥구렁이 막혔다.
똥가루 한 점조차 튀어나오지 않는 이 땅에서
파리도 마다하는 허름한 업장을
나는 외면하지 못했다.

목구멍으로 밥 알갱이 하나 밀어 넣기 위해
이 업장, 저 업장
철새처럼 옮겨 다닌 세월.
구름에 떠도는 부평초 인생처럼
바람 불면 흘러가고
흘러가면 다시 떠밀리는 인생이었다.

나는 알고 있었다.
주인은 똥가루 일 원짜리 하나조차
굴려 보내주지 않으리라는 걸.
하지만 나는 안다.
똥구렁 벽을 살살 긁어
겨우 흘러내리는 똥가루를
주워 담아야
내 하루가 연장된다는 걸.

알랑방귀 붕붕
뀌는 소리로 체면을 눌러가며

몸이 부서져라 일해도
쥐 씨알만 한 똥가루조차 내게는 허락되지 않았다.
파리가 윙윙 바람을 일으켜
둥둥 떠다니는 똥가루 몇 방울쯤은
내 머리 위에 뿌려줄 만도 하건만
그 바람조차, 나를 비껴갔다.

뼈마디가 으스러지는 줄도 모르고
나는 똥파리처럼 일터를 찾아다녔다.
목욕탕 구석구석
찌든 때를 벗겨내며
비누 냄새와 땀 냄새 뒤엉킨 공간에서
똥가루라도 확보해
쟁여 두면 살아남을 수 있을 줄 알았다.

나는 외쳤다.
노임을 달라.
수건을 빨고 바닥을 문질렀고
눈물 섞인 물걸레로 거울을 닦았건만
돌아온 건 감사가 아니라
그것마저 많은 줄 알라는 경멸.

나는 남탕 지킴이 노임 달라는 것도 아니고
엄마 젖 쪽쪽 빨아본 적도 없다.
아비가 끓여준 미움,
그 따뜻한 죽 한 숟갈,

오물오물 목구멍 너머로 넘긴
그 힘까지 다 끌어내
이 몸을 밀어 넣어 살아왔다.

목욕탕 탈의실에서, 탕 안에서,
세숫대야 들고 물 퍼 나르고 청소를 하며
한 사람 한 사람
말없이 맞이했고,
말없이 떠나보냈다.

그러나 주인나리님은
그 모든 똥가루조차 자신의 몫이라며
장소를 제공했다는 명분으로
보증금을
몇 배로 올려 내놓으라 윽박질렀다.

나는 때물이 고여 둥둥 떠다니는
욕탕 바닥의 똥가루라도 지키려 몸부림쳤지만
주인나리님 말 한마디에
또다시 괴나리봇짐을 들춰 메고
다음 업장으로, 또 그다음 업장으로
버스, 지하철, 타고 흔들리며
내 삶을 끌고 다녔다.

전기밥솥 하나, 냄비 하나,
밥그릇 겸 국그릇 하나,

반찬통 몇 개, 이불, 요때기, 베개,
숟가락, 젓가락, 주걱 하나,
이것이 내 전 재산이었다.

그 몇몇 개의 살림살이를
괴나리봇짐에 싸들고
나는 떠돌았다.

머물고 싶었다.
어디든 좋으니
퐁가루 몇 점이라도 안정적으로 받을 수 있다면
거기가 내 일터였으면 했다.
하지만
머물 수 없었다.
주인나리님의 실탄이 날아오고
보증금이 불어나면
나는 짐을 싸야 했다.

골 빠지도록 닦아낸 탈의실의
냄새나는 쓰레기통 하나조차
나를 기억하지 않았다.
내가 닦은 바닥에
새로 온 사람이 발을 디디고 들어왔다.

나는 뿌리째 흔들려
떠밀려 났다.

나는 달그락달그락
목욕탕 물소리에 가려진
내 심장의 고동소리 들으며
욕탕 구석에 쪼그려 앉아
닳고 닳은 슬리퍼 아래
벌겋게 벗겨진 발바닥을 달랬다.

하지만
이제는 쉰을 넘겼고
육십 줄을 훌쩍 넘겨
칠십의 입구에 다다르려 60킬로 속력으로 가고 있다.

떠날 수 없다.
떠나기엔
내 몸은 이미
욕탕의 타일 위에 눌어붙었고
내 땀은 수도꼭지마다 엉겨붙었다.

그래도
나는 다시 일어선다.
꼬꾸라진 육신을 세우고
아픔의 뿌리를 끊어내며
소리친다.
당당히 맞설 자리,
되찾아야 할 내 자리를 향해
또다시 괴나리봇짐 들춰 메고 떠나가는
노동자의 운명.

나는! 왜

— 싸우듯 출근하는 비 오는 날의 기록

비가 온다.
무지막지한 빗줄기
옷을 뚫고 속살까지 스며든다.
비는 사정 따윈 묻지 않는다.
그저 쏟아붓는다.
아무 말도 없이, 무자비하게.

오늘도 나는 걷는다.
2시간,
버스 타고 환승 한 번 하면 될 길을
미친놈같이 새벽길을 우산 쓰고 걸어 출근한다.

어리석다고?
차비 1,500원이 아까워서 그러냐고?
아니다.
절대 아니다.

나는 지금 회사와 싸우고 있다.
묵직한 침묵으로,
젖은 어깨로,
그리고 이 미친 듯한 걸음으로 싸운다….

운동화는 이미 흠뻑 젖었고
양말은 발가락에 들러붙고
축축한 발가락에는 물집이 일었다.
하지만 나는 멈추지 않는다.

내가 지금 싸우고 있는 건
비가 아니다.
누군가의 '무시'다.
묵인된 불공정,
가려진 착취,
그리고 내가 그 안에서 느낀
자존심의 붕괴다.

회사.
거긴 매일 나를 시험대 위에 세운다.
일한 만큼 인정받을 수 없고
참은 만큼 대가도 없다.
그저 침묵을 잘하는 자,
윗사람 눈에 잘 드는 자가
자리 하나 더 차지하는 곳.

그래서 나는 걷는다.
말 대신, 발걸음으로 외친다.
나는! 왜!
이 말은 세상에 던지는 게 아니다.
나 스스로에게 던지는 질문이다.

스스로에게 던지는 질문이다.
스스로에게 떳떳하기 위해
아직 꺾이지 않았다는 증거를 남기기 위해
나는 이 길을 걷는다.

비에 젖은 옷의 무게만큼
어깨는 점점 내려졌고
혼란스러운 과거가
물먹은 솜처럼
머릿속을 휘젓는다.

하지만 나는 버틴다.
그럼에도 걷는다.
나를 무시했던 그 말들,
침묵을 가장한 강요들,
그것도 짓눌리지 않기 위해
오늘도 싸우듯 출근한다.

사람들은 내게 묻지 않는다.
왜 그렇게 걷느냐고.
물어봐도 나는 대답하지 않는다.
대답은 이걸 쓰고 있는 지금,
내 속에서만 들리니까.
아마…
살기 위해서일 것이다.
버텨야만 살 수 있는.
나의 방식으로.

왜! 왜! 왜!

나는! 왜!
나는! 왜!

이 말을 꺼낸 순간,
나조차도 놀랐다.

세상이 들었다면
비 오는 날 2시간 걸어 비에 젖은 생쥐 되어
출근하는 나를 미친놈이라 방아깨비 쿵쿵 찧어댔을 것이다.

하지만 이 질문은
그저 궁금해서가 아니었다.

아무에게도 꺼내지 못했던 이 말,
결국은 나 자신에게 지껄이고 말았다.

비에 젖어 축 처진 어깨. 물집 잡힌 발,
축축하게 뒤엉켜 조각조각 찢겨 나갈 듯한 생각들 속에서도
조각조각 붙여가며 나는 묻고 싶었다.
도대체 왜….

2024년 8월 5일부터 걷기 시작한 이 길은
2025년 2월 22일 날짜까지 걸었던 이 길은 멈추어 섰고
2025년 2월 23일부터 새로운 길을 걸어가고 있다.

찬 바람 속의 실업 인정

— 자판 앞에 선 나

컴퓨터만 조금 친했더라면
딱 20분, 듣기 싫은 말 몇 마디만 견디면 끝날 일이었다.

그러나 나는 왕복 한 시간 반 거리의 길을 걸어,
두 시간짜리 취업 특강을 고스란히
귓구멍으로 쑤셔 넣으며 앉아 있었다.
내 발걸음은 고용노동부를 향하고 있었다.

64개의 인생 훈장을 달고도
중년을 훌쩍 넘긴 이 나이에
두 시간짜리 강의가 달가울 리 없었다.
그렇다고 안 들을 수는 없다.
이 소리를 들어야만, 실업인정을 받아야만,
실업급여를 수령할 수 있으니 말이다.

실업급여 인정받는 방법은 몇 가지가 더 있다.
면접확인서를 제출하거나
노동부 주관의 영상을 인터넷으로 시청해
기록을 전송하는 방법도 있다.
하지만 컴퓨터를 다룰 줄 모르는 이에게
그건 먼 나라 이야기일 뿐이다.

결국 몸소 찾아가 교육을 받고
직접 서류를 제출해야만 하는 것이다.
20분이면 끝날 일을
몇 시간이고 허공으로 날아간다.

지금의 아이들은 학교에서 컴퓨터를 배우지만
우리는 배운 적이 없다.
50대 이후, 특히나 사무직 아니었던 60대는
지식의 변방에 놓여 있다.
컴퓨터 앞에서 망설이는 내 모습이
누군가에겐 한심해 보일까 봐,
나는 나를 더 견디기 힘들었다.

찬 공기가 가시지 않는 3월 초
실업 급여 신청을 마치고
노동부 문을 나서는 발걸음 위로
바람은 칼날이 되어 내 눈가를 베고 지나갔다.
닭똥같이 검게 그을린 눈물이 주르르 흘러내렸다.
슬쩍 손등으로 훔치며,
이거 하나 해결해 줄 사람 하나 없다는 사실에
뇌 속이 얼어붙으며 가슴팍에서 흐르던 강둑이 무너져
검은 마스카라가 파르르 떨리며 솟구쳐 오르는 물줄기.
이번에는 손등이 아닌 손바닥으로
눈탱이를 한참을 어루만졌다.

이 기억은 멀리서 온 것이 아니었다.
2017년, 사내 게시판에
'컴퓨터 활용 인사평가 항목에 반영된다'는
한 줄 공지가 올라왔던 날부터 이미 시작된 현실이었다.
나는 나와 상관없는 일이라 여겼고
실제로 업무와도 무관했다.
그러나 그다음 해, 나는 정규직으로 발령됐고
곧바로 연말정산이란 벽 앞에 섰다.

이 말을 꺼내야 하나 망설이다가.
상관나리님에게 입을 열었지만
돌아온 건 핀잔뿐이었다.
도와주기는커녕, 고개도 돌리지 않았다.
이 모습이 더 무서워, 결국 나는 입을 다물었다.

할 수 없이
USB를 경리과에 갖다주었더니
아무 말 없이 소득공제를 해주었다.

그때부터였다.
배워야겠다는 생각이 머릿속에 둥지를 틀기 시작하였다.
그러나 현실은 녹록지 않았다.
아침 6시에 근무 시작하여
밤 9시가 되어서야 몸을 뉘일 수 있던 날들,
그 속에서 학원이란 문은 늘, 불 꺼진 공간이었다.

퇴직 후 가장 먼저 한 일은
이음카드를 발급받는 일이었다.
국가가 일부 지원하고 본인 45% 부담해
집에서 30분 남짓 거리에 컴퓨터 학원에 등록했다.
이제야 컴맹을 벗겠다 싶었지만.
이 또한 오차였다.

강사의 설명은 친절했으나
영어 알파벳 하나 찾느라 진땀을 빼는 나에겐
그 친절조차 무용지물이었다.
"서식을 클릭하세요"라는 말에
화면 속 많은 아이콘 앞에서 길을 잃고
시간만 맥없이 흘러갔다.

그래도 다행이었다.
50대 초반의 동료 여성이
내가 헤매는 모습이 안쓰러웠는지
하나하나 눌러가며 차근차근 알려주었다.
지금 생각해 보면, 그때 그 여성의 도움 덕분에
나는 끝내 포기하지 않을 수 있었다.
이 이야기가 담긴 이 책 한 권을,
그분께 꼭 전하고 싶다.
그것이 지금도 내 마음 깊은 곳에 남아 있는 고마움이다.
그마저도 한계는 있었다.
결국 학원은 중도 포기했다.

그래도 포기하지 않았다.
피 같은 똥가루 재투자하여
개인지도를 받기 시작하였다.

문서 작성, 도형 그리기,
기본적인 기능들을 익히며
나는, 조금
자판 앞에서 움츠러들던 어깨를 펼 수 있었다.

나는 이제,
"저 무식한 인간 컴퓨터도 못 해."
소리 듣지 않아도 되는
지식이 빡통 속을 휘젓고 다니는 영감이 되었다.
그리고 그 사실 하나만으로도
나는 내 손으로
내 자존심을 다시 일으켜 세웠다고 믿는다.

그림자 속에서 웃는 자

"앞에서는 미소,
뒤에서는 배신의 그림자를 키운 자."

사인 대신 던졌다

계약이란 이름의 서류가
내 앞에 턱, 놓였다.
총무과에서 해결해야 할 그것이
얍삽한 팀장나리님 손에 들려
방긋, 나를 향해 내밀어진다.

"왜 공 팀장이 가져왔어?"
"부장님이 저한테 하래서요."

그러면 그렇지.
더러운 건 자기 손에 안 묻히려고
팀장나리님을 앞세웠겠지.

그 밑에서 배운 팀장나리님도
뒷담화 칼날 하나는 일품이다.
웃음기 없는 문서 앞에서
내 속이 끓는다.
말이 되냐, 이게.

개 버릇 남 못 준다고 하더니,
이 판국에도 불법 편법을 적용하여
2,150,000원에서
350,000원을 삭감하려
휴게시간 1시간 30분 길게 잡아 빼,

명분을 덧붙였다.

그럴듯했을 뿐 실상은
문서로 포장된 내쫓음이었다.
서명하면 벙어리
거부하면 문제아
이미 나는 노동부에 신고했었고
그들이 나를 얼마나 미워했겠나.

그 증오의 잉크로 찍은
계약서였다.
나는 알았다.
이 종이 한 장이
내 등을 떠미는 손이라는 걸.

그다음 날,
나는 그 계약서를 들고
그자, 부사장나리님 앞에 섰다.

뜨거운 욕탕의 습기 속
나는 말 대신
그 서류를
그의 눈앞에
내던졌다.

"왜 반말이야?"
가라앉은 목소리로 나는 묻는다.
"우리 동갑이잖아."
어제까지 나한테
말 놨던 자네 아니었나.

그는 대꾸하지 못했다.
입은 굳게 닫혔고
눈빛은 식어버렸다.
권력의 그림자는
말까지 얼려버린다더니.

그날
종이보다 더 싸늘했던 건
사람이었다.
목욕탕의 김조차
내 속을 데우지 못했다.

짐짝의 주소

퇴장은 언제나 쓸쓸했다.
품위란 말,
그건 윗사람들 가슴팍에만 달리는 훈장이었다.

나는 그저
시간 외 수당을 정당히 받기 위해 말하였다.
소리 높이지도 않았다.
작은 진실 하나를
입꼬리에 얹어 흘렸을 뿐이었다.

그 한마디가
날카로운 칼날이 되어
다음 날
내 목덜미를 스쳤다.

그들은 해결이 아닌
보고를 택했다.
주 52시간 틀에 맞춘다며
시간을 쪼개고 맞추고
여직원은 하루 2시간씩 연장근로에 투입되었고
연장근로가 사라진 뒤
나는,
그곳에 13년을 앉아 있었던 나는,
직원들 중 가장 적은 월급자가 되었다.

그들은 말없이
내 삶의 배치를 바꾸었다.
햇볕도 바람도 들지 않는 틈새 자리
아무도 눈길 주지 않는 죽은 공간.

변한 건 없었다.
그 자리에 나는 그대로 있었건만
어느새 내 책상은
사람이 아닌 짐짝의 주소가 되어 있었다.
사람들은 그 옆을 스치듯 지나갔고
나는 사람 아닌 풍경처럼 거기 존재했다.

전에는 식사시간이면
허겁지겁이라도 웃음이 있었지만
이제는 점심만 남고
삼시 세끼 챙겨주던 식사 중 두 끼는 통째로 사라졌다.

아침은 출근길에 허둥지둥
찬밥 한 숟갈로 때우는 일이 다반사였고
저녁은 퇴근 후 식은 반찬에
말도 없이 앉아 손가락을 옮기는 식이었다.

회사는 아무 교통 지원도 없었고
그 자리를 대신한 건
왕복 네 시간 걸어야 하는 발걸음이었다.
어둠이 채 걷히기도 전에 집을 나섰고

별이 뜬 뒤에야 겨우 돌아왔다.
피로보다 더 무거운 건
그 걸음에 실린 자존심이었다.

빨래는 내 손으로 했다.
그리고, 옷.
누구나 입던 작업복이 아니라
반팔과 반바지였다.
이발사, 때밀이, 수건 빨이, 목욕탕 관리인 프런트 교대.
옷을 덜 입고
몸으로 살아야 했던 그 자리.

때 밀러 갈 땐
언제든 팬티 쪼가리만 입고 들어가야 했다.
그래야 쉽게 갈아입을 수 있었다.
그 옷차림은 편의를 위한 것도,
지시에 따른 것도 아니었다.
그것은 내 밥벌이의 정장이었다.
피부로 바로 삶을 감당해야 했던 사람만의 복장이었다.

그리고 마지막엔
그것마저 앗아갔다.
"책을 꺼내시오."

배우지 못해
눈으로 삼키던 문장들

내게 숨통이 되어주던 글자들을
모두 꺼내라고 했다.

그들은 알고 있었다.
내가 왜 그 책을 읽었는지
그 문장들이 어떻게 나를
견디게 했는지를
알고도
그 희망을 찢어냈다.

칼도 없고
총도 없었다.

다만
"책을 꺼내시오."
그 한마디가
내게 가장 깊은 독이 되었다.

그날 이후,
책은 내게
구원이 아닌
추방자가 되었다.

그림자 속에서 웃는 자

그날의 끝

하루 일과를 끝마치고 지친 몸을 이끌고
지친 몸을 눕혔다.
목욕탕 한편, 타일 바닥에
잠자듯, 쓰러지듯 몸을 눕혔다.
그날 들은 말이 떠올랐다.

"이발사님, 부사장님이
직원들 동복을 세탁해 주시라는데요."

순간 입에서
"알았어."라는 말이 나가버렸다.
목구멍에서 멈췄어야 되는데….

본인들이 입었던 작업복을 내가 왜 빨지.
그 생각이 머리를 건드렸다.

그 순간—
문득, 오래전 어머니의 모습이 떠올랐다.

회색으로 덧칠한 작업복을, 쪼그려 앉은 채
고무다라에 담아 빨래판 위에 올려놓고,
벅벅 앞뒤로 밀며 빨아
조그만 손으로 온 힘을 주어 짜내던 엄마.

문맹이라 기역자 하나 쓰지 못하셨지만
그 손끝엔 지아비를 섬기는 자존이 깃들어 있었다.

그 장면이 스쳐가자
내 안에 금이 쩍 가며 눈물이 핑 돌더라.
자식뻘이면 지애비 생각나서라도
"이발사님 작업복 주세요.
집사람이 세탁기 돌릴 때 같이 세탁하여
갖다드리겠읍니다."라고 하지는 못할망정
이걸 나보고 빨라고 이 싹퉁머리 없는 상관나리님을 그냥….
육두문자를 퍼붓고 싶었지만
말로는 못 했다.
자존이 으스러졌다.
자괴감이 밀려왔고.
아무 말 없이 전화를 들었다.

"나 못 빨아."

그리고 전화를 끊었다.
그게 전부였다.
그 밤, 나는 다시 눈을 감을 수 없었다.

토요일, 일요일, 다시 지나고
월요일 아침, 출근한 탈의실.
상관나리님은 내 쪽을 보지도 않고
끝자락으로 걸어가며 툭 내뱉었다.

"일하기 싫으면 그만두든가,
여기가 놀이터인 줄 아나?"

스무 살도 넘게 차이 나는
자식뻘 같은 상관나리님에게
그 반토막짜리 말을 듣는 순간.
가슴속에서 끓던 무언가가 확 터졌다.
참을 수 없는 눈물이 터지기도 전에
나는 주먹부터 날려
싹퉁머리 없는 그자 심장에 꽂았다.
어허, 양아치물도 먹었는지
상관나리님은 똑같이 내 심장에 주먹을 꽂아 넣었다.
젊은 상관님과 나이 처먹은 노땅이 치고받고 엉켜 있는데
그 순간, 나하고 동갑내기 부사장나리님이
문을 열고 들어왔다.

나는 멈추지 않고
더 몰아쳤다.
그런데 요 상관나리님은 사태가 파악되는지 무반응에
소파에 앉아 있는 상관나리님의 머리채를 잡고
가슴팍에 주먹을 내리 꽂아도,
상관나리님은 대응을 하지 않고 있다.
놀아 보지 않은 달근이 아니고는,
이런 약삭빠른 행위를 하지 못한다….

그다음 날
사건 경위는 묻지도 않고
그저 시말서 작성만을 통보받았다.

건네받은 문서에는
육하원칙도, 사실 확인도 없었고
"잘못했다."
"재발 시 민형사상 책임을 지겠읍니다."
이런 식의 문구만 적혀 있었다.

나는 고개를 들고 말했다.
"이건 내가 한 말이 아닙니다.
이 문구에는 동의할 수 없읍니다."

그러자 그들은 말없이 종이만 내밀었다.
그래서 나는 펜을 들고
그 아래에 이렇게 썼다.

"이러한 사건이 발생할 시,
이에 상응하는 책임을 지겠읍니다."

그게 내가 지킬 수 있는 마지막 선이었다.
그조차도 그들은 허용하지 않았다.

웃기게도
그 말마저 허공에 흩날리고
과정은 지워진 채
결과만 받아 적으라 하더라.

나는 생각했다.
더 버티고 있으면
이 싸움에서 내 목숨줄이 끊어질 것 같았다.

그래서 결국,
불공정한 시말서 위에
내 이름을 적었다.

그게 아니었다.
아니—
그들이 원하는 '끝'이었다.

책을 건넨 손, 책을 밀어낸 손

어느 날 퇴근 무렵
나는 부장님께 조심스레 여쭈었다.
"부장님, 수필이 무슨 뜻인가요?"
그분은 잠시 나를 바라보다
짧고 명료하게 설명해 주셨다.
그리고 그날 저녁, 퇴근하면서
'수필이란 무엇인가'를 정리한 프린트 한 장을
내 손에 건네주셨다.

며칠 뒤엔 또 다른 선물이 전해졌다.
"이건 우리 마누라가 보던 책인데 자네한테 좋을 것 같아서.
그리고 이건 철원군청 출장 중에 본 수기 공모 당선작이야.
그곳 비치된 서가에서 보고 자네가 떠올라서 챙겨왔지."

그 책들엔 격려가 담겨 있었다.
단지 읽을거리나 정보가 아니라,
내 글을 믿고 응원해 주는 한 사람의 진심이었다.

나는 그보다 앞서,
자비를 들여 자필로 출간한 책 한 권을 부장님께 드렸었다.
내 손으로 꾹꾹 눌러 써 내려간,
삶과 감정을 담은 기록이었다.
그에 대한 부장님의 응답은
지식으로 채운 책 한 무더기였다.

하지만 또 한 사람, 부사장나리님은 달랐다.
직접 말하진 않았다.
자신의 손을 더럽히고 싶지 않았던지,
팀장나리님을 시켜 내 책을 치우라고 지시했다.

그 책은 10년 넘게 내가 책상 곁에 두고
틈틈이 눈으로 담으며 지식을 쌓아온 것들이었다.
배우지 못해 무지했던 과거를 극복해 보려
한 장씩 읽어 내려가며
삶을 메꾸려던 노력이 스며 있던 책들.
그 책을 치우라는 건
지위를 이용한 보복이었다.
고용노동부에 회사를 신고했다는 이유 하나로
나의 손때 묻은 책까지도 없애려 한 것이다.
더러운 똥을 밟기 싫어
다른 사람의 발을 밀어넣듯
팀장나리님을 앞세워 행한 간접적 응징이었다.

누군가는 책을 조용히 내 손에서 밀어냈고.
누군가는 책을 조심스레 내 손에 안겨주었다.

나는 그 차이를 안다.
그 차이는 말보다 오래 남는다.
그리고 지금도 내 글의 중심을 지탱해 주는
기억이 되고 있다.

이율배반의 증기 속에서

공과금 인상에 따른
부대시설 운영비를 줄이겠다며
오픈 시간을 늦춰놓고
정작
사우나 사용료는
매달 꼬박꼬박 관리비에 포함돼 있다.
납부를 했으나
입주자는 그 시간에
들어갈 수조차 없다.

입주자들의 편의는 외면한 채
비용 절감이라는 이름으로
시간을 잘라 낸다네.

그런 와중에도
오픈 전 사우나엔
전무나리님, 부사장나리님
먼저 들어가 룰루랄라 목욕을 한다.

본인들 전용 공간도 아닌데
입주자는 못 쓰는 그 시간에
어떻게 그리 당당히 쓰는가.

이율배반 아닌가.
부사장나리님이라는 양반은
오픈도 하기 전,
내 근무시간도 아닌데
"이발 좀 하지."
말씀하시네.
주인나리님 다음으로 권세 있는 분이니
감히 "안 됩니다." 말도 못 하고
나는 또 가위질을 시작한다.

불공정은 증기처럼
천천히, 그러나 깊숙이
우리의 숨을 막아오네.

사인의 무게

가위 대신 때수건을 들었다.
비누 거품 대신 땀과 피로 사람을 씻기고 마음을 닦았다.
나는 이발사였고 때밀이며 수건 빨이다.
여기서 덧붙여 노인들 안전을 책임지는 안전관리자이면서
몸 불편한 노인들 옷을 벗기고,
일거수일투족을 감시하며 목욕을 시키고,
온몸을 말려 끝까지 책임지며 목욕을 끝마치고
집으로 돌아갈 수 있게끔 도와주는
도우미 역할까지 부여받는 남탕 내 멀티맨이다.

욕탕의 김 서린 창 너머,
기력이 다 빠진 노인들이 어기적어기적 걸어 나온다.
그중 한 노인은 몸을 가누지 못하고
똥이 흘러내리는 줄도 모른 채
미끄러운 타일 위를 비틀비틀 걸어간다.

나는 그 뒤를 따라 걸레를 들고 조용히 치웠다.
비웃음도, 혐오도 없었다.
그것은 인간이 남기는 마지막 흔적이었고,
그 흔적을 지워드리는 것은
사람으로서의 존엄을 지키는 일이었다.

나는 단 한 번도 그 냄새가 더럽다고 느낀 적이 없었다.

그 순간은 누군가의 삶이 마무리되는
존귀한 예식처럼 느껴졌다.

그러던 어느 날, 나를 향해 종이 한 장이 내려앉았다.
정년은 60세, 단 회사의 필요한 상황에 따라
65세까지 가능하다는 말이었다.

"사인하세요."
그들의 말은 나긋했지만
그 속에는 나를 지우려는 서류의 칼날이 숨어 있었다.

나는 처음엔 사인을 했다.
힘없는 노동자는 까라면 까야 했기 때문이다.

하지만 몇 달 뒤 촉탁직으로 전환하라는 종이를 받았을 때,
머리를 스쳤다.

6년 5개월
위탁업체의 이름으로 떠돌며
하루하루 이름 없이 일했던 그 시간들이 떠올랐다.

그리고 빡통에 또 떠올랐다.
노인들이 흘린 대소변을 묵묵히 치우며
지켜낸 사람의 마지막 존엄을.
그 따뜻하고 무거운 순간들을.

나는 말했다.
이제는 사인하지 않겠다고.
사인으로 버릴 삶은 이미 수건으로, 손으로,
수백 번 닦아낸 삶이었다.

그러자 사쿠라 같은 전무나리님 부사장나라님이
번갈아가며 나를 불렀다.
"아름답게 헤어집시다."

나는 사람을 깨끗이 씻겨 드렸지만,
사람을 지워버린 적은 없었다.

지금도 내 손끝에는
이발소의 고요한 정적, 욕탕에서 흘러내린 똥의 온기,
때수건을 짜내던 물기가 남아 있다.

사인 하나로 정리하려 들었다면, 나리님들에게는 아직
사람의 무게를 담아본 손이 없었을 것이다.

입막음의 기술

회사 앞,
우뚝 선 건물 하나
그곳은 부사장나리님, 사모님 친구 소유의 건물이라네.

공 과장, 얼굴 뻘겋게 달아오르며
"예, 알았읍니다."
세무관련 서류 한 다발 들고
조용히 사무실을 빠져나간다.

그건 다름 아닌
사적인 세무문서 정리였다.
말들은 안 해도 모두 알지.
이게 일이냐, 시중이냐 하는 마음.

퇴근 후엔
비슷한 직급들과 술잔 기울이며
"야, 내가 이런 일까지 해야 하냐?
쫌생이 부사장 마누라 친구 건물 일까지…."
넋두리처럼 안주로 잘근잘근 씹어들 먹으며.

총무과의 젊은 직원 하나는
휴일이면 불려가
그 집 막힌 하수도 뚫으려.

똥통에 고개 처박다
참다못해 주인나리님한테
"그냥 못 하겠습니다." 하고
결국 사표 냈다더군.

그런데 말일세,
퇴직금 이백만 원이 더 들어왔다더군,

그 젊은 친구 입을 틀어막은 똥값이지.
이 자본의 노련한 계산법이라네.

소문은 입을 타고 나르지.
한번 퍼지면 막기 어렵지.
부사장나리님 사모님 친구 건물 관련 일을
사내 누가 입에 올리기라도 하면
체면 구겨지고. 윗선도 위험할 테니.
회사 이미지도 추락할 테니.

그래서일까,
차라리 똥가루로 입을 막는 게 났다고 본 거지.
없는 일로 하고, 없는 말로 덮고,
없는 셈 치는 게 이 바닥의 생존법.
이게 바로
없는 셈 치는 세상이다.

사인, 그리고 그날의 물비린내

정 주임 퇴사 처리하니
이 주임이 세탁할 것
귀에 들려온 한마디
"예, 알겠습니다."

그 말 속엔
단순한 승낙이 아니라
억지로 삼킨 체념이 있었다.

수건 한 짐, 한 짐
널고, 개고
그 모든 과정이
이젠 내 일이 되었다.

변명이라도 하고 싶었다.
"제 담당은 아닌데요…."
"그건 누가 정한 건가요?"
하지만 목 끝까지 차오른 말은
결국 터지지 못한 채
또 "예"로 바뀌어 튀어나왔다.

영업시간 줄어
당직 수당도 사라지고
급여는 제자리걸음인데

일은 늘었고, 사람은 없고
울컥한 마음에
팀장나리님에게 겨우 말했다.
2시간, 그 시간만큼은 달라고.

팀장나리님 주둥이를 거쳐
부사장나리님 귀에 닿았을 때
그는 직접 내게 말하지 않았다.

"못 챙겨줘서 미안하다고 전해."
마치 자비라도 베푸는 양
흘린 말을 잊은 듯했다.

2시간, 그렇게 정산된 줄 알았건만
다음 날
갑자기 달라진 계산법
"2시간은 과했습니다.
1시간만 지급하겠습니다.
남은 1시간은 반납 사인해 주세요."

사인 앞에 멈칫했다
한 시간의 노동
그 무게가 가볍지 않음을 알기에
손이 머뭇거렸지만
나는 결국,
고개를 끄덕이며 펜을 들었다.

한 시간 빼앗긴 시간
그건 내 손에서 빠져나간 게 아니라
사람 한 명분의 임금을
그 누구도 주지 않고
내게 일 시킨 그 구조에서
이미 예정된 일이었다.

부사장나리님은 그걸로 실적을 쌓았고
나는 그것으로 기운을 잃었다.

게 닭발이 등을 털어 먹지
하물며 실수령액 200만 원도 채 못 미치는 급여 수령하여
간신히 먹고살며 몇 푼 저축하는 직원 등을 털어먹는
이건 실수도 아니고, 관행도 아니고, 약탈이다.

그자—
최약자를 상대해
최소한의 임금까지 축소한 그자—
부사장나리님이라 불리는 그 사람.

그날 이후로
세탁실에서 나는 물비린내는
단순한 세탁 냄새가 아니었다.
그건 내가 삼킨 분노와
사인 속에 갇힌
자존심의 냄새였다.

외로움은 나의 벗, 생존은 나의 펜

막강한 직장 권력의 방패를 두른
그 부사장나리님 한 방에 쫓겨났다.
고작 '주임' 나부랭이가,
3개월도 못 채운 깡통, 빡통 주제에.
대학 졸업장을 품은 나에게 감히 말 펀치를 날리다니.
이 건방진 똥덩어리 같은 네 놈을 그냥—
결국 나는 실업자로 전락했다.

부사장나리님이시여, 들으시오.
네 서랍엔 숫자만 남겼지만
내 폐부 깊이 남은 건 네 이름 앞에 붙은 구린 피비린내다.
권력으로 찍어 누른 도장질 한 방쯤은 쉬웠겠지.
그러나 기억해라—
내가 흘린 피로 쓰는 이 문장이
언젠가 주인나리님의 책상까지 도달해
네 비겁한 왕국을 한 줄로 박살낼 참이다.
다시 볼 날엔 네 잘린 혀로
변명조차 못 할 것임을 명심해라.

집 문을 열자 반겨주는 건 오직 하나.
내 품에 찰싹 달라붙어 입꼬리까지 끌어올리는 녀석.
하지만 정체는 죽음보다 질긴 외로움이었다.
"그래, 네 처지가 딱하다."
툭 내뱉은 열두 글자

내 등짝에 매달려 떨어질 생각을 하지 않는다.
생활 패턴이 무너지면 정신도 함께 빈 깡통이 돼버린다.
뼈마디는 퉁퉁 붓고
나는 순식간에 구들장 지고 누울 영감으로 변신—
국가 지원으로 겨우 목숨 연명할 내 꼴이 훤하다.
그래서 옛 직장 시절 루틴을 그대로 끌어왔다.

새벽 3시 33분 기상,
안방에 모셔둔 벤치프레스 150회,
4시 현관문을 열고 수봉공원까지 전력질주.
세 바퀴 돌고 집에 돌아오면 5시 10분.
글감이 있으면 글. 없으면 독서, 단어 검색, 뉴스.
7시 7분 알람이 울리면 아침 먹고 30분 낮잠.

텔레비전은 내 눈동자에서 추방해 버렸다
남는 시간은 머릿속을 지근지근 울리는 통증으로 가득 찬다.
그 빈틈을 파고 드는 것도 외로움이다.
나는 이 녀석에게 집을 맡기고 한 달 한 번
고용노동부 취업특강을 귓구멍에 쑤셔 넣으러 간다.

컴퓨터 하나 못 다뤄 20분짜리 동영상 시청하고
출력하여 보내면 그만인 걸 무식하기에 어쩔 수 없이
45분에서 대략 1시간 걸어가는 처량한 신세지만
강사가 던지는 말은 회차가 늘수록
빡통으로 스며드는 한 단어씩 차곡차곡 쌓인다.
비슷한 처지의 사람들 눈빛에서

인간 냄새를 맡을 수 있는,
이곳이 내 유일한 피난처다.

그러다 다시 적막한 집에 돌아오면
외로움 녀석은 왈칵 달려들어 내 숨통을 조인다.
아무리 밀쳐도 근육질 팔로 목줄을 꽉 죈다.
그런데 문득 깨달았다.
싸울 상대가 있다는 것 자체가—
한 발 더 내디딜 힘이었다는 걸.

그래서 오늘도 녀석을 라이벌 삼아
한 줄, 한 줄,
내 생존의 기록을 퍼올린다.

그만두고 나서야, 글이 되었다

참고 일했다.
억울한 날도 있었고,
가슴에 꾹 눌러 담은 말도 많았다.
하지만 내 자리가 사라질까 두려워
그 모든 걸 감추고 살았다.

손님 하나 붙을까,
주인나리님 눈빛은 어떨까,
몇 푼의 돈에 하루가 구겨지는 줄 알면서도
애써 모른 척하며 버텼다.

그렇게 13년을 보냈다.
한 자리에 오래 앉아 있었고,
우물 밖 세상은
눈에 들어오지 않았다.

싸움은 터졌고,
나는 졌다.
그리고 나왔다.
그때부터 세상이 보이기 시작했다.
과거엔 손님 하나에 얽매었던 내가,
이제는 그 얽매임 자체를 바라볼 수 있게 되었다.
변해버린 업계도,

달라진 사람들도
이제야 보였다.

살기 위해 참고 살았던 날들이
머릿속에 문장으로 걸러지기 시작했다.
삼킨 말들이
글로서 되살아났다.

묻힌 날들이
비로소 의미를 갖기 시작한 것이다.
그만두기 전에는
아무것도 말할 수 없었다.
그 자리에 머물 때는
보이는 것조차 없었다.

그런데
나오고 나니
그 모든 것들이
글이 되었다.

나는 이제야 안다.
왜 쓰는지를.
왜 이 문장이
살았던 시간보다 무겁게 느껴지는지를.

내가 견딘 날들,
내가 삼킨 말들,
내가 밀려난 자리—
그것들이 문장이 되었다.

고상한 말로
싸구려 노동을
사들이는 자

"임금이 아니라 인생을 흥정한 자들의
고상한 비열함."

우리는 거품이었다

우리는 거품이었다.
우리는 흩어졌다.
작은 힘으로,
바다 위를 떠다니던
무명의 노동자였다.

한 사람,
또 한 사람
부서지고, 쓸려가고,
침묵 속에 사라져 갔다.

하지만
우리는 다시 모였다.
아무도 기대지 못했던 등 위에
서로를 기대며 섰다.

목소리를 냈고,
손을 맞잡았고,
지켜야 할 권리 위에
서 있었다.

우리는 거품이었다.
그러나 거품이 모여

파도가 되었고,
그 파도는
어떤 권력도 삼킬 수 없었다.

우리는 노조다.
흩어지지 않는 거품,
사라지지 않는 이름.
다시 일어서는 사람들이다.

고상한 말로 싸구려 노동을 사들이는 자

거품의 자리

나는 친구들과
섬 여행 중에 배가 지나간 자리에
거품이 이는 것을 보았다.

그 자리 말고는
모든 것이 거품의 자리로 흘러가는 물,
조용한 바다였다.

하지만 거품은 말하더라.
이곳을 지나간 자본의 배를.

자본의 속력을 올려
고요한 물살을 찢고 갔고,

그 뒤에 남은 것은
우리 같은 놈들이었다.

치이고 떠밀리며 부서지는 거품이었다.
사람들은 그러지 않는다.
무언가 발생하면 치고받고,
버텨내고, 다시 침묵하며 살아간다.

나는 서정적인 친구처럼
그 바다를 노래하지 못하고,

쫓겨 온 사람처럼
거칠게 토해낼 수밖에 없었다.
이 물비린내 속에서
우리는 언제나
거품으로 흩어졌다가
또 모여드는 존재였다.

내가 짐인가

노동청에 신고가 접수되자, 주인나리님은 고문변호사에게 자문을 구했다. 변호사는 최소 1억 이상을 지급해야 할 것이라고 했다. 사태의 무게를 실감한 부사장나리님은 그제야 당황한 기색을 보였다. 지금껏 무얼 하고 있었기에 이 사안 하나 제대로 처리하지 못해 여기까지 일이 번졌는가. 부사장나리님은 그제야 자신의 자리가 위태로워졌음을 직감했을 것이다. 욕설이 쏟아질 상황이 머릿속에 그려지니, 울화가 치밀었겠지. 그래서 그자의 화살은 애꿎은 나에게 날아왔다.
"책이고 뭐고 다 빼."

결정적으로 책을 빼라 한 것은 주인나리님이 아니라, 이 사태 수습에 실패한 부사장나리님이었을 것이다.

그뿐인가. 저녁시간 단축 또한 교묘한 술수였다. 변호사의 조언을 등에 업은 채, 내 근무시간을 축소하고 여직원 근무시간은 주 52시간을 맞추기 위해 3시간에서 1시간으로 슬그머니 줄였다. 꼴 보기 싫었던 나는 아예 당직 시간 자체를 빼버려 급여의 상당부분이 날아갔다. 숫자를 맞추기 위한 교묘한 조작이었고, 법의 테두리를 빙자한 계산이었다.

정규직이면 누구나 접근 가능한 업무공유 공간인 카페도 막아 놓았다. 눈앞은 열려 있었지만, 실제론 아무것도 볼 수 없었다. 나는 눈뜬 장님이 되어버렸다. 정보는 차단되었고, 조직 내에서 나라는 사람은 없는 셈이 되었다.

어느 날 아침 나는 평소처럼 출근했다. 로비에 앉아 있던 주인나리님 보고도 인사를 하지 않았다. 똥가루 던져주는 입장에서 자신을 무시했다고 느꼈을 것이다. 자존심이 상했겠지. 다음 날부터 내게 가해진 조치는 노골적이었다. 핵심 정보가 공유되는 부서는 차단되었고, 나의 존재는 지워지기 시작했다. 하찮은 말단 직원 하나가 인사 한마디 없이 지나친 것에, 조직의 권력을 쥔 손으로 눈알을 비틀 듯 반격해 온 것이다.

그리고 퇴근 없는 침식은 곧, 시간 외 근무가 상시화된 현실을 인정하는 셈이었다. 그래서 그들은 알고 있었다. 침식을 없애고 출퇴근 체제로 바꾸는 것이 법망을 피하는 길이라는 걸.

결국 '짐을 다 빼라'는 말은 법꾸라지 교묘한 계략과 부사장나리님의 속 좁은 판단에서 비롯된 것이었다. 주인나리님의 직접 지시는 아니었다.

그렇다고 해서 그와 나 사이에 쌓였던 모든 정이 사라졌던 건 아니다. 그 애정은 지금도 그의 마음 어느 한구석에 남아 있을 것이다. 그의 부모가 거동이 불편할 때, 내가 휠체어를 밀고 들어가 목욕을 시켜드렸고, 머리를 다듬어 드리고, 등을 밀어 드렸던 기억은 쉽게 지워질 수 없는 장면으로 남았을 것이다.

솔직히 말해서 내 부모한테는 휠체어 밀어 준 적, 단 한 번도 없었다. 지금까지 묻어 두고 있었지만, 노인들 도우미 할 적에 '아 쓰부릴, 이거 내 부모도 한번 안 해 드린 것을 최저 임금에 준하는 똥가루 받아내자고, 이 영감탱이들에게 해야 하나?' 엄니, 아버님에 대한 죄스러움에 어느 땐 막 쏟아질 것 같은 눈물을 애써 집어넣으며 일을 했다.

그 시절, 주인나리님은 직원들과 대화를 나누던 중 이렇게 말했다.
"이발사 그놈 성질은 급해도 일은 잘하지. 회사 문 닫는 날까지 같이 가야 할 놈이지."
그 말은 말뿐이 아니었다. 함께 가려 했지만, 예기치 못한 사고가 터지면서 결국 각자의 길을 가게 된 것이다.

그러나 사건이 도마 위에 오르자, 그 틈을 놓치지 않은 자들이 있었다. 부사장나리님과 전무나리님은 발 빠르게 움직였다. 주인나리님의 귀에 의심을 심고, 그 눈에 불신을 살짝 흘렸다. 사태의 본질은 외면한 채, 내 잘못을 부풀리고, 감정을 조율하며, 나를 불편한 존재로 각인시키는 데 골몰했을 것이다.

그들에게 나는 한 사람의 인생이 아니라, 합의금의 액수를 줄이기 위한 매개, 자신들의 입지를 강화할 수 있는 하나의 도구에 불과했다.

그래서 끝내, 함께 가려던 길은 쩍 갈라졌다.
돌아보면 잘 짜인 각본이었다. 한 사람의 관계를 갈라놓고, 또 한 사람을 사지로 밀어넣은 그들의 연극은, 조용히 박수를 받으며 막을 내렸다.

이제 내가 쓰겠다. 그들의 기록을.

그렇게 한 사람의 인생은 묵인되었고, 또 한 사람의 침묵은 오해로 뒤바뀌었다. 사건은 끝났지만, 그 속에 있었던 마음과 진실은 아직도 숨겨진 채다.

그래서 이제, 나는 내가 쓰려 한다.
그 누구도 기록하지 않았던 그들의 뒷모습, 아직 빛도 들지 않는 복도 끝, 묵묵히 작업화를 끌어 신던 그들의 새벽 회의실 문 너머에서 묻힌 표정들, '괜찮다'는 말 뒤에 감춰졌던 수백 번의 희생을.

나는 기억한다. 그러나 이제는 말할 것이다.
웃으며 퇴근하던 그 사람의 어깨, 곪아 터지기 직전까지 참던 누군가의 속앓이, 누구보다 열심히 일하고도, 어느 날 팽당해 조용히 사라졌던 사람들.

그들은 떠났지만, 나는 남았다.
남겨진 자의 몫은 고통이 아니라 기록이다.
이제 내가 써야 한다.
그들의 이야기, 그들의 이름, 그들의 기록을.
누군가는 이 글을 통해 그들을 다시 기억하게 될 테니까.

마지막 문턱에서

외면한건 아니었다.
국가가 돌보고 있다는 명분에 기대어
나도 안심한 채 살아온 건 사실이다.
우리나라만큼 복지가 잘 갖춰진 나라도 그리 많지 않다.
다만, 나는 그 복지의 손을 먼저 내밀지 않았다.
기댈 수 있다는 위안은 있었지만,
그 위안에 눕지 않기 위해, 나는 나대로 버티며 살아 왔다.

내게는 삶의 철칙 같은 것이 있었다.
내 부모 형제처럼 수급자로 살지는 않겠다.
엄니, 동생이 나약해서가 아니다.
세상이 엄니, 동생을 그렇게 몰고 갔기 때문이다.
솔직히 나에게도 책임은 있다.
나는 그런 길을 되풀이하지 않겠다는 자존심으로 살아왔다.
그 마음 하나로 13년을 버텼다.

나는 64세였다. 정년까지는 아직 3년이 남아 있었다.
하지만 회사는 나를 그 시간으로부터 밀어냈다.
장시간 누락된 수당과 처우에 대해
나는 노동청에 정식으로 진정을 넣었고,
회사는 이를 조용히 마무리하고자
'마지막 합의금'을 내밀었다.
말은 부드러웠지만,
그 속엔 퇴직을 유도하는 분명한 의도가 숨어 있었다.

명백한 구조였다.
정당한 권리를 요구한 노동자에 대한 불편한 시선.
그리고 '나가면 조용해진다'는 계산.
나는 그 계산 속에 이름 없이 정리되었다.

회사는 겉으론 '사회적 기업'이라는 간판을 달고 있었다.
평균 연령 80세가 넘는 노인들을 대상으로
관리비를 받아 운영되는 복지 성격의 시설이면서도,
정작 노동자를 대하는 방식은
그 누구보다 가혹하고 비인간적이었다.
이런 기업이 법의 테두리는 가까스로
지킬 수 있을지 몰라도,
도의적인 책임에서까지 눈 돌릴 순 없을 것이다.
힘없는 노동자에게 이런 일이 반복된다면,
언젠가 그곳을 이용하는 노인들에게도
같은 방식이 적용될 수 있다는 것,
그것이 내가 이 글을 남기는 이유이기도 하다.

그렇게 직장을 잃은 나는,
지금 월 백만 원 남짓으로 삼시 세끼를 해결하며 산다.
2002년 준공된 시세 8천만 원짜리 낡은 빌라 한 채와
통장에 축적된 몇 푼이 전 재산이다.
관리비가 따로 없으니 그나마 숨통이 트였다.
집세 생각 안 해도 되니까,
밥 세 끼만 해결하면 되는 셈이다.
큰돈 들어갈 데 없으니, 그게 어디냐 싶었다.

등짝 눕힐 허름한 빌라라도 있다는 게
얼마나 다행인지 모른다.
가진 자들의 똥간 두 칸만도 못한 작은 집이지만,
그 안엔 내 오기로 버텨낸 삶이 깃들어 있다.

고기반찬은 자주 없지만.
굶지는 않는다.
술도 담배도, 털어넣지 않고 피워 대지도 않는다.
조금씩 아끼며, 하루를 채운다.

다만 문제는, 조기 퇴직 이후의 시간이다.
법적으로 허락된 3년을 더 일하면
스스로의 삶을 지킬 수 있었다.
수급자로 전락할 가능성은 0%에 가까웠을 것이다.
하지만 합의금은 시간 앞에 조금씩 깎여 나가고,
노령은 점점 생계의 날을 무디게 만든다.
그 3년이라는 잃어버린 시간이,
결국은 30%라는 낙인의 문턱 앞까지
나를 데려다 놓을지도 모른다.

나는 알지 못했다.
시간이 그렇게 빠르고 잔인하게 흘러간다는 것을.
'괜찮겠지'라는 막연한 믿음은
하루, 한 달, 6개월이 지나가며 조용히 무너져 갔다.

그 확률은 단지 숫자가 아니다.
그것은 내 자존심이 흔들릴 수 있는 가능성이며,
그 책임은 나를 그곳으로 몰아넣은 이들,
회사를 운영하는 자들, 불공정을 방치한 구조이다.

그럼에도 불구하고, 나는 오늘도 밥을 짓는다.
그리고 희망을 길어 올릴 글을 쓴다.
이 기록이 언젠가,
나와 같은 길을 걷는 누군가에게
작은 등불이 되기를 바란다.

나는 삶의 문턱에서 밀려났지만.
그 끝에서 다시 시작할 무언가를 쓰고 있다.
나는 오늘도 쓴다.
누가 나를 이쪽으로 밀었는지,
잊지 않기 위해서.
그리고 누구도 다시 그 길로
밀려나지 않기를 위해서….

실버라는 이름의 허상

마나님과 사별한 뒤,
나는 혼자 삶을 준비했다.
자식들 곁에 머문다 한들
한없이 조심스러워하는 나날이 이어질 것 알기에,
나는 내가 당당하게 살 수 있는 공간을 찾고자 했다.

그때 내 눈에 들어온 것이 있었다.
'부대시설 10여 가지, 건강하고 품위 있는 노후'
노년의 삶을 풍요롭게 해준다는 광고.
마치 내 앞에 펼쳐진 새로운 길처럼 느껴졌다.
그래서 많은 노인들이 이곳을 선택했다.
홀로서기를 위한 결심, 품위 있는 노후를 위한 희망….
그 바람 하나로 말이다.

실버타운에서, 나는 이곳에서 일하며 당신의 민낯을 보았다.
그 화려한 외관 뒤에 가려진 어르신들의 좁아진 삶의 공간,
안전보다 수익을 우선하는 운영의 그늘을 보았다.

대표적인 예가 수영장이었다.
입주 어르신들을 위한 공간이라 했지만,
실상은 스포츠 회원, 대학교 수영 수업, 어린이 수영교실,
일부 외부 손님들까지 한데 섞여
정작 어르신들이 자유롭게 이용하기는 쉽지 않다.
어르신들이 이용 가능한 시간은 제한되고,

외부인들과 부딪히는 상황도 잦았다.
마찰이 자주 일어났다.
"이게 우리를 위한 수영장이냐"는 불만도 많았다.
정작 실버세대는 뒷전으로 밀려나고.
이상한 역전이 벌어지고 있었다.

이발, 세신 매출은 급여의 30% 정도밖에 안 되자
운영진은 그 손실을 만회하겠다며
사우나 직원을 세탁실과 프런트까지
끌어다 쓰기 시작하였다.

노인들 상대로 운영되는 시설임을 고려한다면
이발, 때밀이 수입과는 무관하게 이들에 안전을 책임지는
안전 관리자를 채용하는 것이 마땅하다.

그러는 사이.
정작 중요한 '안전'은 구멍이 나기 시작했다.
내가 일하던 시절,
목욕 중 조용히 세상을 떠나신 어르신,
세탁실에서 근무 중 돌아가신 분,
그리고 프런트 근무 중 돌아가신 분….
그분들의 마지막은 그렇게 조용히,
그리고 쓸쓸하게 맞이하였다.

나는 이 글을 누구를 탓하거나 헐뜯기 위해 쓰는 것이 아니다.
이곳에서 13년을 근무하며 보고 들은 현실을
그대로 기록하고자 펜을 들었을 뿐이다.

왜곡된 운영 논리 속에서 점점 밀려나는 노인들,
운영보다 효율만을 외치는 구조,
사람이 중심이 되지 못한 시스템.

이런 것들이
진정한 '노년의 안식처'를 가로막고 있다는 것을
누군가는 말해야 한다고 생각했다.

나는 이 글을 통해
지금 이 순간에도 조용히 하루를 살아가고 있는 어르신들에게
조금이나마 더 나은 공간,
더 따뜻한 시선,
더 안전한 돌봄이 닿기를 바랄 뿐이다.

실버타운은, 말 그대로
'은빛 인생'의 마지막 무대가 되어야 한다.
그 무대 위에서 누구도 밀려나지 않고.
조용히 퇴장하더라도 박수받으며 떠날 수 있어야 한다.

나는 보았소

나는 보았소.
조직이란 이름 아래 군림하는 자들.
자신의 위치가 곧 진실인 양
힘이 곧 정의인 양 휘두르는
그들의 비뚤어진 웃음을.

나는 들었소.
책상 위 결정 하나로
사람의 삶이 송두리째 뒤집히는 소리,
고요한 회의실에서 내려진 명령 한 줄이
가난한 가장의 식탁을 뒤엎는 소리.

나는 보았소.
속절없이 흔들리다
하루아침에 뽑혀 나간 힘없는 자의 뒷모습을,
고개 숙인 채 퇴장하는 그 발걸음에서
나는
이 세상의 무게를 느꼈소.

나는 또 보았소.
어두운 지하실 같은 삶의 골목에서
허우적대며 살아보려는 사람들을.
눈빛은 닳고 손끝은 갈라졌어도

'아직은'이라는 말 하나로
숨을 이어가던 그날을.

나는 느꼈소.
그 절망의 한복판에서도
희미하게나마 살아남은 한 줄기 빛을.
누군가 버린 자리에서 피어난
작고 여린 희망이
손 내밀며 나를 바라보던 그 순간을.

그 빛은 말없이 말하였소.
쓰러져도, 부서져도, 지워지지 말라고
힘없는 이들이 끝끝내 살아야
세상이 비로소 사람 사는 곳이 될 테니
절대, 포기하지 말라고.

나는 보았소.
그리고 지금도, 보고 있소.
사라져간 자들의 분투를.
그리고—
그 틈을 뚫고 들어오는
한 줄기 빛의 숨결을.

밴댕이 소갈머리의 반격

13년 넘게 장발 스타일 고수하던 자가,
웬일인지 짧은 상고머리를 하고 들어섰다.
내 눈을 의심했다.
뭔 일 있었던 거지.
그리고 보니 열흘 전, 한판 붙었던 일이 떠오른다.

휴게시간을 늘리고 임금을 삭감하는,
기막힌 근로계약서.
계약서를 직원 손에 들려 보내더군.
나는 읽어보고, 아무 말 없이 되돌려 보냈다.
그런데 그다음 날, 부사장나리님이 사우나에 들어오자
내가 복사본 계약서를 그의 앞으로 던지며 말했다.
"이딴 걸 나보고 찍으라고?"

회사를 여기까지 키운 게 누구 덕인데,
나 같은 놈 상대로 삥쳐 먹고
사회공헌 프레임 씌워,
불우이웃돕기 성금에 탈북자 정착지원금까지 똥가루 뿌려
"우리 기업은 선한 기업입니다."
언론플레이 하며 홍보하던 그 구조 속에서
나는 장식품이었다.

그날 부사장나리님과 정면충돌.
하지만 즉각 해고는 하지 못했다.

왜냐고?
근로기준법 제23조 제1항.
정당한 이유 없이 해고할 수 없다.
내 행동은 직무태만도 아니고, 징계사유도 불충분했으니까,
괘씸한 건 괘씸했겠지. 하지만 그는 알았던 거야.
부당해고로 인정되면 노동위원회 제소는 피할 수 없다는 걸.
주인나리님도 마찬가지.
내내 묵시적 방관만 할 뿐,
직접 나서지 않았다.

결국 부사장나리님은 꼼수를 선택했다.
명시적 해고 대신 퇴직 유도,
퇴직 없이는 합의 불가라는
사적 합의 강요 프레임을 씌워
법률 리스크를 피하려 했다.

사직서를 내게끔 유도한 것.
바로 그거였다.
법적 해고는 아니지만,
실질적 퇴출.
그리고선 편법 계약서 들이밀며
임금 삭감으로 몰아붙였다.
명확한 근로조건 불이익 변경.
근로계약의 본질적 내용 변경이지만
노동자 동의는커녕
압박과 모멸감만 더해졌다.

그 결과는 뻔하다.
이발+때밀이 겸할 인력 못 구하고
결국 하청업체 소속 직원 한 명 채워 넣었다.
프런트 저녁 교대도 사라졌다
"소수의 어르신이라도, 걸음이 불편한 분들에게
이발사가 없다는 것은 불편함 그 자체다."
세탁기 청소 및 프런트 저녁 식사교대
운동처방팀 몫으로 돌아갔다.
예전엔 내가 다 했는데.

팀장나리님도 갑질하더니 결국 스스로 꼴좋게 되었다.
그러니 있을 때 잘해주지 떠나고 후회해 본들
무슨 소용이 있으랴.

웃기지도 않는 구조 속에서
하청 노동자 지휘, 명령을 본청에서 받고 있다.

이건 명백한 위장도급이자
근로자 파견법 위반이다.
파견근로자보호 등에 관한 법률 제2조 제1호를 위반하고,
실질적 사용자는 본청임에도
책임은 하청업체에 떠넘긴다.

이제라도 분명히 하자.
지휘, 감독이 본청에 있다면,
그는 본청 소속 근로자로 간주되어야 한다.

춤추는 펜

아무리 싫다 떨쳐 내려 해도
사랑했던 여인처럼
끝내 내 몸에 들러붙은 이 펜이여.
그대는 어쩌면,
내 영혼이 깃든 마지막 동무였는지 모르겠다.
수없이 외면하고,
수없이 저항했으나
결국 내 곁을 찾아온 건 외로움이었다.
외로움마저도
더는 견디지 못하고
이 펜 앞에 무릎 꿇었다.

나는 혼자였고,
말할 이도 없었고,
신음마저도 삼켰던 세월.
그 세월 위에
이제 나는 영혼을 실어 글을 남긴다.

흘러간 시간과
지워진 이름들과
돌아오지 않는 얼굴들을
한 줄 한 줄 새기며
나는 살아난다.

미련도 후회도 벗어 던지고
나는 오늘도 쓴다.
떠나는 것이 아니라
맞이하는 것이다.
이 펜의 춤이 멈추는 날까지
나는 내 글 앞에 선다.

결정

오너를 둘러쌓은 책사들
결정 하나, 또 하나.

그 결정보다 무서운 건
책임지지 않는 입이지.

오너는 수렁에 빠지고
조직은 하나둘 금 가기 시작했지.

책사의 말 한 줄,
오너의 판단 한 번이
얼기설기 엉킨 실타래가 돼
사람들을 밀어냈지.

구름에 실려 떠나가고
또 떠나가고
나는 덩그러니 남아

구름에 실려 떠나간
친구들 생각만 붙잡고
오늘도 구름 아래
실려가지 못한 나그네로
혼자 걷고 있다.

무릎 꿇은 자에게 주먹을 휘두른 자본

노동자는 인정받기 위해
오늘도 자본 앞에 무릎을 꿇는다.
고개 숙이면 빵 한 조각쯤은 던져줄 줄 알고,
온몸 내맡기면 따뜻한 말 한마디쯤은 기대했기에.

하지만 자본은
그 무릎 꿇은 자에게
무기를 앞세운다.
계약서라는 칼,
성과라는 총,
성과급이라는 유리송곳.
그리고 언제든 해고할 수 있는
해고통지서라는 총알까지 쥐고 있다.

자본은 노동의 가치를 사는 게 아니다.
노동자를 싸게 사들이고,
가급적 덜 주고.
더 뽑아내기 위해
책상 위에 권력을 올려놓는다.

맞짱이라 했지만,
이건 싸움이 아니라 학살에 가까운 경기다.
노동자가 주먹을 들면
자본은 "불순하다"고 한다.

노동자가 진실을 말하면
자본은 "충성심이 없다"고 한다.
노동자가 떠나겠다고 하면
자본은 "대체인력 구하면 그만"이라 한다.

자본주의 사회는 말한다.
"노력하면 보상받는다"고.
하지만 진실은 이렇다.
노력은 노동자의 몫이고,
보상은 자본의 몫이다.

결국,
노동자는 인정받기 위해 무릎 꿇고,
자본은 그 무릎 위에 발을 올린다.
그 무릎 위에서
이익을 쓸어 담는다.
그리고 말한다.
"이게 자본주의다."

나는 갈 수 없네

허이, 허이
나는 갈 수 없네.
그놈의 가느다란 실오라기 같은 삶
천 갈래, 만 갈래
비바람 속에 흩어져, 부서지고.

성민구 자본로 444에 하차하여
자본의 골목에 몸을 던졌지만
크게 벌어진 똥구멍 같은 자본의 함정
그 앞에 무너져 내린다.

자본가가 싸질러 놓은
더럽고 지독한 현실 위에
나는 주저앉았고
떠나가려 해도
내 발목을 붙잡는 건,
내게 남겨진 건,
한때 뜨겁게 살아 숨 쉬었으나
이젠 짓밟혀 바람에 흔들리는
그 남겨진 한 줌의 숨결뿐.

자본과가 던져준 청록색 수의 한 벌
걸치고 황토색 집으로 돌아가며

한 줄기 바람열차에 실려
나는 갈 수 없네.

아무리 외쳐도
세상은 들은 척도 않네.

어야디야…
어야디야…
나는, 갈 수 없네.

한마디의 무게

야유회.
한가한 이들에겐, 그저 잠시의 일탈이자 축제일지 몰라도
밤을 꼬박 새우고 교대하는 사람들에겐
그건 또 하나의 형벌이었다.

배때기 안에 룰루랄라 집어넣는 음식보다
그날의 피로와 묵직한 노동은
훨씬 더 씹기 어려운 것이었다.

그래서 우리는 말했다.
"저희는 격일 근무라,
한 팀이 가면 남는 사람들 너무 힘듭니다.
우리 부서만큼은 빠지게 해주십시오."
단지, 그것뿐이었다.

헌데 돌아온 건,
상무나리님 직책을 가진 작자의 짧고도 냉정한 한마디.

"권고사직 처리해 줄 테니 그만두시죠."
웬걸, 권고사직이 아닌 일반 사직 처리를 하였다.

피곤하니 빠지겠다는 한마디 했다는 이유로
혓바닥 꼬부려 말까지 회까닥 뒤집어
존재를 지워버리는 권력의 냉정한 기술을 발휘하였다.

'권고사직'이라 포장해 놓고는
정작 사직서도 없이 일방 통보.
이것이 노동의 정의인가.
말 한마디에 잘리는 노동자의 운명,
이게 우리가 다니는 회사인가.

우리는 묻고 싶다.
땀 흘려 일한 사람의 입을 틀어막고,
조용히 사라지길 바라는 것이
정상적인 경영인가.

야유회가 모두의 기쁨이라면
누구에겐 고통일 수도 있다는 걸
왜 외면하는가.

우리가 잘못한 게 있다면
그건 참았던 것을 말한 것이다.
그 말 한마디가 그렇게 무거웠다면,
도대체 우리는 어떤 땅을 디디고 일했던 건가.

숫자 맞추기 위한 야유회

야유회는 휴식이 아니었네.
그건 계산된 연출이었다.

정직원도, 알바생도, 외주업체 직원까지 줄줄이 불러 세워
버스 좌석을 채우고, 사진 프레임을 메우고
회사 규모를 대내외에 과시하기 위한
작은 쇼를 꾸미는 일이었네.

"우린 이만큼 크다."
그 한마디를 위해,
굳이 가고 싶지 않은 사람들까지 끌고 가는
이유는 뻔하지 않은가.

여비가 늘어도,
한 장의 단체 사진에서
사람 수는 곧 권위의 척도가 되니까.

수박 들고, 냄비 들고, 이것저것 등등 들고
낑낑대며 이동하는 젊은 직원들,
그들의 땀은 '야유회'라는 이름 아래
자발적 복종처럼 포장되어 흘러갔지.

그들이 정말 즐겁게 웃었을까?
아니면,
그저 눈치 보며 억지웃음을 지었을까?

이건 회사가 함께하는 '놀이'가 아니라
사람 숫자에 인격을 맞춰 넣는 행사였네.

숫자가 모이면 성과가 되지만
마음 없는 숫자는
헛된 행사비일 뿐이라는 걸
왜 모르는가.

우리는 사람이지,
'통계'가 아니다.

막힌 카페 닫힌 입

떡하니 앉아 있었다.
포도청인 목구멍을 틀어막고
내 일에 자리를 베어낸 주인나리님,
아침 출근하니
떡하니 로비에 앉아 있었다.

내 밥줄을 움켜쥔 손아귀,
하지만
고개 숙여 인사하고픈 마음은
깊숙이 접어 넣었다.
그냥 횡하니
근무지로 들어갔다.

그자는 지존이야.
영락없이 권력을 등에 업고
회사라는 이름 아래
소통의 문을 걸어 잠갔다.

나는 분명 정규직이지만
그날 이후
복도는 낯설고 사무실의 공기는
나만을 밀어냈다.

카페 하나 막아 놓은 짓거리조차
주인나리님에겐 칼끝이었고
나에겐 입막음이었다.
회사가 어떻게 돌아가는지
이젠 알 길이 없다.

주인나리님은 실탄을 발사했다.
나는 막기 바빴다.
맨몸으로, 매일같이.

어떤 잔머리를 굴리는지
정확히 몰라도 등골로 전해졌다.
차가운 바닥 타고 올라왔다.
아! 힘없는 자는 속수무책으로 당할 수밖에 없는 세상.

말없이
또 하루를 삼킨다.

한 끼, 한숨, 한 사람

나도 괜찮은 놈이었다.
TV 자막에
아프리카 아이들이 꺼져가는 생명이
내 눈을 스치고 지나간다.
그 작은 숨, 그 처절한 고요함이
내 가슴 깊숙이 빨려들었다.

젊은 시절,
나는 노력이라곤 쥐똥만큼도 없었다.
부모 속 썩이고, 제 앞가림도 못 하는 놈이
또 다른 생명을 책임질 수 있을까?
두려워 자식을 두지 않기로 마음먹었다.

하지만 시간이 흐르자
내 안에도 괜찮은 구석 하나쯤은 있다는 걸
뒤늦게야 알아차렸다.
고심 끝에, 쉰을 넘긴 뒤 한약을 먹어보고,
인공수정이며 시험관 수술도
여러 번 시도했지만 끝내 실패했다.

그러던 어느 날, TV 자막 속에서
서서히 꺼져가는 작은 생명이
또다시 내 눈에 꽂혔다.

고상한 말로 싸구려 노동을 사들이는 자

눈물이 주르르 흘렸고,
시험관 앞에서 절절했던 그 순간들이 떠올랐다.

나는 수화기를 또다시 들고
매달 만 원씩, 국제구조위원회와 유엔난민기구에
후원을 시작했다.

어느 일요일, 경동시장으로 먹거리 사러 가는 길.
종각역을 지나며 배낭을 메고 걷다가
점심을 드시는 많은 노인들을 보았다.
그때 TV에서 봤던 천사의집,
임성민 아나운서의 얼굴이 떠올랐다.
그리고 문득, '언젠가 나도 저 노인들처럼
밥 한 끼 얻으러 가는 길이 오지 않을까?'
그런 생각이 또 내 눈에 스며들었다.

그래서 또 만 원
정기 후원을 시작했다.

직장에서 밀려나면서, 생활이 불안해지자
'후원을 끊어야 하나' 마음이 흔들렸다.
하지만 아니었다. 내 부모 내 동생을
국가가 나 대신 돌보아 주었다.
고기 못 먹고, 밥이 없어 국수로 끼니를 채워도,
이 정도는 사회에 환원해야 하는 도리라고
스스로를 다잡았다.

그래, 난 진심이었다.
작은 생명 곁으로,
작은 마음이지만 성실히 다가갔다.

그러나 그것으로 끝이 아니었다.
이 땅의 구조와 책임,
그 안에서 밀려나는 사람들을 지켜보며
나는 또 다른 진실 앞에 섰다.

해마다 연말이 다가오면
회사에서 불우이웃돕기 성금을 걷는다.
입주민과 직원들을 대상으로 한다.
이웃을 돕는 것도 아름답지만,
먼저 우리 안의 어려운 이들을 살펴야 하지 않겠는가.
사람이 나락으로 떨어지기 전에
붙잡아 주는 손이 필요하다.

이럴 때야말로
능력 있는 지도층에서
제대로 된 대안을 마련해야 한다.
눈에 보이는 온정도 필요하지만,
제도 속에 박힌 모순과 편법, 불법
바로잡는 일이 더 절실하다.

회사가 시간 외 수당을 주지 않고,
불법과 편법으로 노동을 착취하는 순간들.

고상한 말로 싸구려 노동을 사들이는 자

그 결과는 고스란히 미래의 사회적 비용이 되어
국가가, 그리고 우리가
다시 떠안게 되는 것이다.

나는 밑바닥 인생을 전전긍긍하며 살아왔다.
직장 안에서 13년 그 안의 수많은 억울함과 불합리를
내 몸이 기억하고 있다.
이제는 말해야 한다.
보여야 한다.
내가 흘린 땀과 눈물이 사라지지 않도록….

꿈이 사라지고 난 후

나는 몸을 누인 채 창밖을 오래 바라보았다.
소복소복 내리는 함박눈이 유리창에 부딪쳐
사라지고, 또 사라졌다.

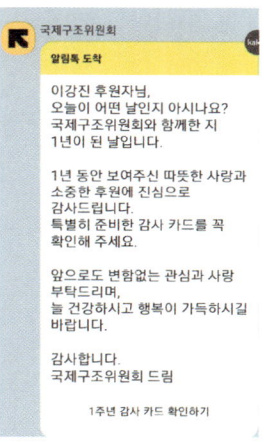

'이 아이가 내게 온다면….
내가 과연 아버지가 될 수 있을까.'
간절함이 커질수록, 두려움도 함께 밀려왔다.

이 세상에 내 얼굴을 닮은 생명이
흙냄새를 맡으며, 걸어 다니기를 바랐지만,
그건 끝내 허락되지 않았다.

한동안 아무 말도 하지 못했다.
고통보다 침묵이 더 컸다.

하지만 나는 그날, 한 가지는 분명히 다짐했다.
세상에서 사라져가는 생명들에게,
내가 한 인간으로서, 할 수 있는 만큼은 해보자.
그 다짐이 나를 움직여, 나는 전화를 걸었다.
그리고 만 원을 걸었다.

그 만 원은 아이 하나의 미래였고,
내 실패의 자리를
작은 희망으로 덮는 마음이었다.

고상한 말로 싸구려 노동을 사들이는 자   153

자존심, 전당포, 안전의 구멍

쌍방이 원터치로 쭉쭉 뻗어 내지른 주먹,
한 치도 물러서지 않는 싸움이었다.
그러나 자본주의의 꽃잎이 아닌 똥가루가 흩날리자
잘못 하나 없던 내가 먼저 무릎을 꿇었다.

주머니에 겨우 몇 닢 쑤셔 넣어
목구멍에 풀칠하려면 선택지가 없었다.
순간의 몸부림으로 자존심은 지킬 수 있었겠지만—
언젠가 국민 세금으로 살아가는 수급자가 될까 두려웠다.
삼천억 개 뇌신경을 스치고 지나간 그 생각 하나가
내 가슴에 스파크를 튀겼다.

"그래, 자존심 따위는 일단 전당포에 맡겨 두자.
자본 권력에 맞서는 유일한 무기는
많은 이들이 들여다볼 수 있는 기록이니까."

그렇게 결심한 순간.
자본의 어퍼컷을 제대로 맞고 나는 퇴사했다.

멀티맨의 그림자

1. 멀티맨의 그림자

나는 이발사, 때밀이, 프런트, 도우미, 세탁 기사까지
모두 한 몸에 껴안고 돌리던 '멀티맨'이었다.

면도칼을 내려놓자마자 때타월을 바꿔 들고,
손님이 "저기요!" 하면 곧장 침상으로 달려가 등을 밀었다.
정해진 시간마다 수건이 일정량 모이면
구루마에 실어 지하 2층 세탁실로 내려갔다.

세탁, 탈수, 건조를 모두 마치고
보송해진 수건을 구루마에 싣고
땀 밴 종아리에 힘을 주어 끌고 왔다.

이동선이 시침·분침처럼 반복되자
시간표는 칼날보다 얇고,
근육은 마른 수건처럼 쥐어짜졌다.

"저 일, 저 속도로 해낼 사람이 또 있겠어?"
관리부는 혀를 차며 나를 기특해했지만—
그 '또' 사람은 끝끝내 나타나지 않았다.
그 결과 1층 욕탕과 지하 2층 세탁실 사이에 생긴
분 단위 공백이 회사 전체를 뒤흔들기 시작했다.

2. 대체 인력, 그리고 구멍

결국 '때밀이+수건 세탁'을 겸한다는 직원을 뽑았지만
두 달도 못 버티고 사표를 냈다.
다음 카드로 꺼낸 건
재활용 분리수거를 맡던 일흔 살 넘은 어르신.

내 근무 시절 사고는 이미 한두 번이 아니었다.
세탁실에서 빨래를 돌리던 사이,
열탕 안에서 돌아가신 어르신이 있었고
점심시간 프런트 교대해 있을 때 돌아가신 분도 계셨다.
사우나를 벗어나 다른 업무를 병행한다면
이러한 사고는 끊임없이 발생할 것이다.
책임은 분명하다.
인력을 한 몸으로 줄여 버린 운영진—
현장의 빈틈을 알고도 묵인한 경영진—
그 위에서 서류만 들여다보는 사장나리님이 있다면
예방 의무를 방기한 대가는 결국
회사와 노인들이 떠안게 된다.

3. 기억의 경고문

자본은 체면만 챙기려다
노인의 안전과 회사의 지갑, 둘 다 구멍을 냈다.
나는 그 구멍을 땀과 경력으로 배웠다.

이제 남은 일은 단 하나.
층계를 잇는 공백, 가려진 비명, 덮인 통계를
낱낱이 기록해
사장나리님의 책상 위,
그리고 같은 실수로 떠밀린 또 다른 노동자들의
눈앞에 내밀 것이다.

"안전을 구멍 낸 자여, 기억하라.
나는 자존심을 전당포에 맡긴 대신
너희들이 가린 구멍을 영원히 기억한다."

패배가 나를 살렸다

세후 1,988,560원을 수령하여
매달 1,000,000원 저금, 청약저축 250,000원,
77,777원 적금 하나, 33,333원짜리 적금 하나,
합한 1,361,110원
자동 이체로 빠져 나간다.
627,450원 남는다.

상여금은 연 300만 원에서 400만 원가량.
당직비 45,000원을 더하면
실제 남는 생활비는 1,377,450원이다.
최저 임금 수준이지만
생활하는 데 무리는 없다.

매달 꼬박꼬박 들어오는 급여 덕분에
인어꼬리처럼 붙잡혀 있기만 해도
어느 정도 삶이 굴러갔다.

한자리에 오래 머무르다 보니
세상이 어떻게 바뀌는지
전혀 볼 수 없었다.
그 자리는 마치 우물 안 같았다.
13년을 그렇게 보냈다.
두려움의, 익숙함에 기대어 말이다.

그러다 결국
참고 견디다 일터에서
싸움이 터졌고
나는 패배했다.
그리고 그 자리에서 나왔다.

밖으로 나와 보니
세상은 달라져 있었다.
목욕탕 업계도 변해 있었고.
그 안의 주인나리님들도 달라져 있었다.

예전처럼 사람을 발밑의 때처럼 보지 않고,
협력관계로 대하고,
영업이 어려우면 보조금도 주며,
정식 직원으로 채용도 하였다.

이제야 알 수 있었다.
우물 안에 머물렀을 땐 보이지 않던 것들이
밖에 나오니 또렷이 보였다.

무너질 줄 알았던 삶은
도리어 나를 돌아보는 계기가 되었고.
나는 내 안의 가능성을 처음으로 들여다볼 수 있었다.
무엇보다,
글을 쓸 수 있었다.

과거를 뒤돌아보고
그 시절의 억눌림을
문장으로 하나씩 풀어내며
나는 나를 정리하기 시작했다.

그 자리를 지키려
참았고,
싸웠고,
결국 졌지만—

돌아보니
그만둔 것이
잘된 일이었다.

먹물의 이름으로 지배한 자여

너의 오만함을,
가르침이라는 이름 아래
배우지 못한 자들의 삶을 깔아뭉개고
위에서 아래를 내려다보며
아는 척, 품는 척, 어루만지는 척했던
그 이기적 위선을,
나는 이 가난한 몸뚱이와
굳은 손마디, 굽은 허리,
울분에 젖은 침묵의 시간으로
태워 없애리라.

먹물이 스며들지 못하는 차디찬 자리,
단 한 발짝도 움직일 수 없는 채
일상의 늪 속에 갇혀
그저 살아있는 듯 살아온 시간들,
그 자리에 나는 머물렀다.

이놈 발에 치이고, 저놈 발에 짓눌리며
서로 몰라 생긴 말 하나 '먹물'로
배움의 바깥에 선 자의 서러움을 감쌌고,
그 서러움은 실가닥처럼 신경을 타고 흐르며
육십조 세포를 맴돌다
뼛속 마디마디 맺혀

참고 또 참는,
그 무거운 강물 같은 인내가 되었다.

그 인내의 시간,
나는 목숨줄 하나에 기대어
13년을 버텼다.
흘러내릴 눈물도 말라붙고,
소리칠 힘조차 사라진 그 지난날의 고통은
검게 그을려 하늘로 떠오르는
잿빛 꽃가루가 되었고
그 잿빛은
자본과 권력을 태우는 불꽃으로 변해
말 없는 노동의 걸음으로 나아갔으며,
이제는 마땅히
노동의 이름으로
그 불꽃을 바치리라.

알고도 외면했던 주인나리님이시여,
배움을 도구 삼아 권력의 성을 쌓았던 주인나리님이시여.
이 잿빛은 결코 주인나리님을 피해가지 않으리라.

자본의 주먹에 노동의 심장을 던지다

자본을 먹고사는 자본주의 사회.
그 자본에 맞서기 위해 나는 책을 들었다.
하루하루 쌓아올린 지식이 무기가 되었고
그 무기로 자본을 지배하는 권력 앞에 섰다.
그러나 승전보를 울리는 일은 결코 쉽지 않았다.
그래서 나는 멈추지 않았다. 싸움을 걸었다.

힘없는 노동자를 조롱하며
자본가들은 링도 아닌 거리에서 잽을 날리고
서류 한 장으로 사람을 잘라내며 승리 선언을 했다.
나는 그들의 눈앞에서 외쳤다.

"멈춰라. 이제부터는 나와 맞짱이다."

나는 노동자의 이름으로 그들을 향해 돌진했다.
검은 양복 속에 숨겨진 불의의 주먹을 피하지 않았다.
정면으로 받아쳤고,
부정한 이익의 턱을 향해
한 방의 어퍼컷을 꽂아 넣었다.

자본과 노동은 함께할 때
비로소 하나의 제품이 완성된다.
자본은 단지 불을 지피는 성냥.

그러나 노동은 그 불을 끌어안고
태워 살아가는 몸이다.

자본은 잠시 머물렀다 떠나는 손님,
하지만 노동은 땅에 뿌리내린 주인이다.
건방지게 굴러온 자본의 돌은
단단히 자리 잡은 노동의 뿌리를 뽑아내려다
자신이 먼저 산산이 부서져
연기처럼 사라지고 말 것이다.

노동이여.
당신은 맞서 싸웠고,
오늘도 살아 있다.
당신이 있었기에, 오늘이 있고
당신이 있기에, 내일도 가능하다.

무빈소 1

그날 밤,
요양병원에서 전화가 왔다.
어머니가 운명하셨다고.
나는 어두운 밤을 가르며
곧장 병원으로 달려갔고,
그 자리에서
팀장나리님에게 전화를 걸어 짧게 보고했다.

"어머니 돌아가셔서
며칠간 출근하지 못할 것 같아."

숨이 막혔고,
말을 더 잇지 못했다.
한 문장을 내뱉는 데도
한참이 걸렸다.

그렇게 장례를 준비했다.
빈소는 차리지 않았다.
찾아올 사람도,
접대할 여건도 못 되기 때문이다.
무빈소.
가난한 상주에게
그 이상은 감당할 수 없는 일이었다.

그날 밤,
회사 카페 공지게시판에
주인나리님 명의로 어머니 부고가 올라왔다.
몇 줄 되는 공지를 보며
이상하게도
슬픔보다 더 깊은 고요가 밀려왔다.

장례를 마치고
회사에 나가자마자 상무나리님이 나를 불렀다.
나는 사무실로 들어갔다.
그는 봉투 하나를 내밀며
짧게 말했다.

"사장님이 주라고 했읍니다."

그 안엔
백만 원이 들어 있었다.
상조도, 부서도 아닌
주인나리님 개인의 조용한 손길이었다.

나는 말없이 받았다.
고개를 숙였고,
사무실을 나서며
감정을 삼켰다.
고마움과 서러움,
무너짐과 미안함이
뒤섞여 있었다.

그리고
그날 이후의 시간은 흘렀다.

약 7년 뒤
주인나리님 모친께서 별세하셨을 때
나는 오십만 원을 봉투에 담아 전달했다.
그건
누구의 눈치를 본 것도,
형식을 따라간 것도 아니었다.
그저
그날 주인나리님이 내게 해 주었던 일을
내 방식으로 되돌려준 것이다.

그 일을 두고
어떤 직원이 이런 말을 했다.

"사장님이 오십만 원 하셨다고
직원들이 다 그렇게 할 필요는 없잖아."
그 말이
의도한 것보다 가볍게 들리지 않았다.
한순간
마음 한쪽이 조용히 꺾였다.
하지만
나는 아무 말도 하지 않았다.

지금 나는
그들과 부딪치며 살아간다.
조직의 권력과,
불합리한 구조와,
기억 너머의 침묵들과.

나는 명함상 위탁업체 대표였지만,
실제로는 조직의 지시를 받으며
현장에서 움직이는 실질적 근로자였다.
정규직도 계약직도 아닌,
편법과 불법의 구조 속에 외피만 뒤집어쓴 존재였지.

그러나—
그날,
아무도 손 내밀지 않던 시간에
주인나리님이 조용히 전해준
그 백만 원짜리 봉투 하나는
지우지 않으려 한다.

싸운 건 싸운 거다.
그러나
진심까지 지워버리는 건
글을 쓰는 사람의 도리가 아니다.

그래서 나는
이 글을 남긴다.
지금의 나로서,
그날의 마음을 증언하기 위해.
그리고 나는, 이 글을 쓰며 눈물을 뚝뚝 흘리고 있다.
하룻밤 머물 방 한 칸 마련하지 못한 채
가난하게 어머니를 떠나보낸 그 시간의 기억이
지금 이 순간 내 가슴을
짓누르고 있다.
그토록 가난했던 슬픔의 한가운데서
내 손에 조용히 백만 원을 쥐여준 사람이,
훗날 나와 첨예하게 맞서 싸우게 될
그 주인나리님이라는 사실 참 많은 생각을 안겨준다.
나는 원망과 고마움을 동시에 품고 그때를 지나왔고,
지금도 여전히 그날의 고마움을 부여잡고 있다.
그래서 이 글은 그를 위한 것도, 나를 위한 고발도 아니다.
그저 사실이 가진 그 무게를,
견디며 살아가는 한 사람의 진심으로
기록해 두는 일일 뿐이다.

무빈소 2

배우지 못해
단 한 발짝도 뗄 수 없던 쭉정이.
열 손가락 다 펴기도 부끄럽던 육십의 사내.
10년 차라 해도
직원 중 가장 적은 급여를 받아도
단 한마디 말조차 할 수 없던 벙어리 신세였다.
힘도, 권력도 없다는 이유 하나로
이 공간,
정규직이면 사용료 없이 열려 있는 이 공간조차
총무과는 내어주지 않았다.

삼가 고인의 명복을 빕니다.
열한 자 문장조차
나에겐 허락되지 않았다.
사람 목숨 하나 꺼지면
그 예우마저 선택지가 된 세상.

그러나
7월 말 태양은
타들어 가는 동생의 가슴을 알아차린 듯
이글이글 타오르는 인두 모양의 붉은 열꽃 한 송이를
그의 마지막 길에 올려주었다.

고상한 말로 싸구려 노동을 사들이는 자

외로웠다.
기구했다.
반백의 인생 중 37년.
몸통을 갉아먹던
지독한 고독이
마침내 동생을 끌어당겼다.
그리고 동생은
지독히 그리워하던 부모,
형제들이 모여
행복하게 살고 있을 거라 믿은
그 세계로
열꽃을 타고
뜨거운 바람열차에 실려
훌쩍 떠나갔다.

동생이 머물던
인천시 남동구 영구임대 주거지,
좁은 방에는
작은 새 한 마리 남아
지붕 틈을 쪼아대듯
짹짹이며 곡을 올렸다.
부고장이 배달되자
소수의 문상객들이 도착했다.
단 세로 180, 가로 100.
타이매트 위를
사각사각 돌며

찌이익 찌이익
곡소리를 흉내 낼 뿐.
빈소는 없었다.
빈 의자 대신
그의 생이 눕혀져 있었고,
술 한 잔 올릴 탁자도 없었다.
망자의 침실에서
술 한 모금 마신 누군가는
고된 삶의 기억에 젖어
꽐라가 되어 곤히 잠들었다.

그러나…
그를 추억할 이들은 오지 않았다.
주인나리님 부친의 부고는
회사를 들썩이게 했고,
총무부장은
정갈히 꾸민 사내 카페 공지에
주인나리님 부친 장례를 띄웠지만
직원 동생의 죽음엔
단 한 줄도 올려주지 않았다.

하위직 직원의 아픔은 발밑에 묻은 때처럼
총무부장나리님 눈깔엔 들어오지 않았나 보다.

같은 부서에서 함께 근구했던 상관이었다.
현 팀장상관나리님, 전일 팀장상관나리님

그들은 결혼식 축의금은 챙기면서
죽음 앞에서는 침묵했다.
한때 웃고, 같이 회식도 했던 얼굴들이
이제는 발끝의 먼지처럼 스쳐지나갔다.

그리고 나는
동생 떠나간 삶의 마지막을
고작 7명이 배웅하는 장례로
마무리해야 했다.

한 줄도 오르지 않는 공지,
묵살된 부고,
묘하게 엇갈린 시간 속
주인나리님 부친과 동생이 같은 날 세상을 떠났다.
무게는 너무 달랐다.

사람의 삶은 같아도
사람의 죽음은 같지 않다는 걸
나는 그날 배웠다.
……들 같으니라고.

작은 권력에
취한 인간

"위로는 비굴 아래로는 폭력
그 틈에서 살아가는 이의 민낯."

간신의 혀끝

"나이 처먹은 이발사 놈이
뭔 짓거리 하나 염탐하고 와."

쪽 째진 뱁새 눈깔을 옆으로 최대한 늘려 굴리며
간신 똘마니에게 지시를 내렸다.
그 말이 귓구멍을 타고 들어가자
그날부터 똘마니 그림자가
내 일터를 슬금슬금 기어다니기 시작했다.

간신 똘마니.
말라붙은 말라깽이 삐쩍 말라서 그림자도 얄팍한 그자는
능청스럽게 아무것도 안 본 척
내 빗자루 끝을 슬쩍슬쩍 훔쳐보더니
아무 일도 없단 듯
뒷걸음질로 빠져나갔다.

그날 저녁이면 으레
네 이름처럼 따라 붙는 '이발사'
세 글자가 상관나리님 귀에 들어가.
그다음 날엔
쪽 째진 눈깔로 나를 옆으로 찢어 훑으며
"의자 먼지 좀 봐라."
"바닥이 미끄럽다."
이런 말들이 하명처럼 떨어진다.

내 귀를 후벼 파고
심장을 콕콕 찌르는 그 말들,
나는 아무 말 없이
또 그날을 넘겼다.

새벽 여섯시부터 밤 열 시까지,
하루 16시간.
눈알이 빠질 듯한 고단한 일과 속에
잠깐, 5분에서 10분
눈을 감고 있으면
피로가 조금 가셨다.

그 몇 분의 쉼조차
간신은 놓치지 않았다.
그걸 또 상관나리님에게 보고하며
'근무 태만'이라 찍어버렸다.
그러면 다시 쪽 째진 뱁새 눈깔.
슬쩍 눈 흘기며
빗자루 든 내 어깨 위에
무거운 말을 올려놓는다.

그 옆엔 언제나
빌붙어 딸랑딸랑 소리 내는
일등급 간신 똘마니 싹퉁머리 없는
그 나리님이 붙어 있었다.

목구멍이 포도청이라
속에서 타오르는 말을
싸가지가 바가지인
그자 귓구멍에 처넣지 못하고
나는 오늘도 삼키며
그 하루하루를 견디어 냈다.

만년필 대신 칫솔

2000년 전까지만 해도
부의 상징은 평수 넓은 아파트도
몸집 부푼 승용차도 아니었다.
하얀 와이셔츠, 반듯한 양복,
그게 곧 성공의 옷이었다.

젊은 시절의 나는
남의 눈요깃거리가 되기 위해
작업복을 벗고
겨우 장만한 양복을 걸치고 거리를 활보하였다.
빡빡한 깡통 같은 세상 안에서
가방끈 짧은 나는
이력서나 학력란 앞에만 서면
죄 지은 것도 아닌데
목이 죄어와
고개를 땅으로 떨구었다.

그때가 내 인생의 가장 낮은 자리였다.
배움이 없다는 이유 하나로
숨죽이며 살아야 했던 시절.

그로부터 수십 년이 흘렀고.
고단한 삶을 꿰매어 이 회사에 정착했다.

때를 묻히고 땀을 버무려
나는 '선배'가 되었고,
그 자리에서 다시
서러움과 마주하게 되었다.

우리 팀의 수장이던 뱁새 눈깔은
총무과로 승진하며 떠났고,
그 자리를 대신한 건
뱁새보다 쪽이 더 찢어진 눈깔,
간신 모양새 한 그자였다.
내 일거수일투족을 윗대가리에 고자질하던 그자는
결국 내 위로 올라섰다.

나는 그래도 참았다.
간신 같은 팀장나리님을
무지한 티 나지 않게,
직원들 앞에서 체대 나온 인재인 것처럼
말을 돌려 포장해 주었다.
내 자존심은 하나 접어가며
팀장나리님의 허풍을 덮어주었다.

팀장나리님 어느 날
주둥이로 방아를 콩콩 쪼아 댔다.
"내가 이 회사에 수영 가르치려 왔지,
쌀 나르러 왔겠어요?"

2011년 ○○월 ○○일.
업무일지에 또렷이 적혀 있었다.
주인나리님이 직접 지시했었다.
그 간신 같은 그자를
수영반 강사로 투입하라고.
하지만 뱁새는
아직은 실력이 부족하여
2개월 강습을 더 받아야 된다고 보고하였다.
학원비까지 지원해 주었다.

아무 기술 없는 그자에게
기술을 읽힐 디딤돌을 마련해 주고
그 기회 덕에 팀장이 되었으며,
똥가루까지 넉넉히 챙겨 주었으면
적어도 고마움을 알 줄 알아야지….

간신은 과정을 회까닥 쓰레기통에 처박고는
모든 것이 자신에 능력이라 착각했고
콧대는 하늘 위로 추켜올려,
하늘에 대고
말 같지 않은 말을 외쳤다.

퇴사를 불과 며칠 앞두고,
막내딸 같은 여직원 앞에서
기어이 내 마지막 남은 자존심을
짓밟았다.

올해 직원들 급여가
한 푼도 안 오른다.
이발사 떠나가면서
민폐나 주고 가네.
만년필은 못 주네.
"이거, 복지관에서 준 칫솔인데
이거나 줄까?"

지 애비 나이와 비슷한 어른을 상대로
준반말을 배합한,
그 말끝에는 조롱이 실려 있었고,
혀보다 먼저 올라간 입꼬리엔
사람 하나를 끝장내는 독이 묻어 있었다.
내게 건네주려던 건 선물 아닌 깊은 상처였고,
그 한마디 말에 무너진 건
연차도, 경력도 아닌
내 안에 오롯이 남아 있던
존엄이었다.

그 순간,
내 속 마지막 벽 하나가
툭—
허망하게 무너져 내렸지.

그 말 한 줄이
이 싸움의 끝이었지만,
이제는 글로써
내 마지막 자존심을 짓밟은
간신 같은 그 팀장나리님을
짓이겨 버릴 싸움판으로 끌고 나아갈 것이다.

느물느물한 자의 언변

이발사님,
요즘 어떻게 진행되시나 묻는 말에
내 속마음 다 알면서도
굴러 나오는 얼음 한 조각 차가운 언어를
내 앞에 밀어놓는다.
한 조각 차가운 말 한마디로.
슬쩍 후려치고 한 걸음 물러나는
노장 뺨치는 사쿠라 버금가는 언변—
"노무사는 어때요?"
곧장 훅 들어온다.

느물느물
팀장나리님의 말투는
나잇값을 똥값으로 깔고
철판 두께만 자랑하는 종자.

하지만,
나도 호락호락 당할 놈은 아니지.
툭 던지면
툭 받아친다.

작가를 꿈꾸는 나는
한 자 한 자에 뜻을 담고

문장 사이사이 숨어 있는
의도를 해부하는 의사다.

팀장나리님이 흘린 말―
"고문변호사가 그러더군요.
이발사님 이 건으로 소송 가면
대략 1억쯤 각오하셔야 할 거라고요."

그 말이 주인나리님 귀에 들어가자,
본인이 한 짓거리는 생각하지 않고.
꼴뚜기처럼 팔짝팔짝 뛰며
파르르 떨리는 입술로 말을 한다.
"이걸 지금까지 방치했단 말이야?"
육두문자를 배때기가 터지게 퍼부었다.
육두문자가 뱃속으로 밀려들어 간 부사장나리님,
체면이고 뭐고 전당포에 저당 잡혀놓은
머리에 불씨 주체하지 못하고.
결국 그 불똥은
지식이 들어 있는 책을 빼라고 지시하였다.

모든 상항을 종합해 볼 때
네 지식을 심어 주었던 책을 빼라고 지시한 사람은
주인나리님이 아니라
명백한 부사장나리님이었다.

그걸
슬며시 흘리듯
'정보 교환'이란 이름으로
네게 던진 간신 같은 그자.

허나,
나는 안다.
팀장나리님 말 속에 감춰진 속내에는
잘리면 갈 곳 없는 처량한 신세,
겁,
책임 회피,
그 어설픈 계산.

그래서 나는
또 한 줄 써 내려간다.
교활한 입놀림으론
진실을 덮을 수 없다.

결석의 값, 혹은 그 이상의 의미

사람이 한평생 살아가다 보면
뜻하지 않게 멈춰 서는 순간들이 있다.
좋은 일이든, 나쁜 일이든
흐르던 일상은 때때로 중단되기 마련이다.

어린이 수영반도 예외는 아니다.
감기에 걸려 결석하거나,
엄마 아빠 손잡고 여행이라도 가게 되면
그날의 물살은 건너뛰게 된다.

다른 수영장에서는
이런 결석을 '보충 수업'으로 채워준다.
수강생은 놓친 기술을 다시 익힐 기회를 얻고.
그게 당연하듯 여겨지는 분위기다.

헌데 내가 일하던 이곳은 좀 다르다.
결석하면 15,000원짜리 입욕권을 지급한다.
표면적으로는 보상처럼 보이지만,
실상 수업료는 20,000원이니
소비자는 5,000원을 손해보는 셈이다.

기술 하나 놓치고, 돈도 덜 받고,
결국 소비자만 허탈해지는 구조 아닌가.

이게 회사 방침인 줄 아는 이들도 있지만
실은 그렇지 않을 가능성이 크다.
이 정책, 회사의 공식 결정이라기보다는
실무를 맡은 팀장나리님이
자기 편의를 우선해 만든 걸로 보인다.
위에 있는 참모들은 이런 사정을 모르고 있다.

주인나리님이 이 구조를 알았다면 가만있을 리 없다.

어차피 강사는 물속에 있고,
인건비 추가 없이 한 아이만 더 넣으면 되는 구조니까.
사우나 남탕 관리자에
이리 메치고 저리 메쳐
이쪽저쪽으로 부려 먹고, 인건비를 절감하면서도,
어찌 그를 몰랐을까?
그런데도 보충수업 없이 입욕권만 주게 되면.
회사로선 결국 무료로 목욕만 시켜준
결과가 나온 셈이다.

참고로 회사 수영 강사들은 모두 정규직이다.
팀장 역시 인센티브 없이
동일한 고정급 체제 속에서 근무 중이고,
일반 강사도 그에 맞는 처우를 받고 있다.
타 수영장에 비해 대우가 부족한 것도 아니고,
강사는 자기 몫은 충분히 수행하고 있다.

다만 인센티브가 있는 구조와 없는 구조 사이에는
자연스러운 의식의 간극이 존재할 수밖에 없다.
인센티브가 적용되는 곳에선
한 명이라도 더 유치하여 만족시키기 위해
자발적인 아이디어와 움직임이 이어지지만,
고정급 체계에선 '괜히 내 몸만 힘들어지는 걸 차단하고자'
좋은 생각조차도 끄집어 올리지 않고,
그냥 머릿속에 쟁여 두는 것이다.

결국 제도가 사람을 만들고,
그 차이가 운영 방식과 수강생 만족도에서
작은 간극을 만들어내는 게 아닐까 싶다.

주인나리님을 미워할 이유는 없어.
사실을 왜곡해선 안 되니까.
다만 지금의 방식은
위에서 직접 지시한 결과라기보다는
실무진의 편의 속에서 그렇게 굳어져 온 것으로 보인다.

죽통 한 방 갈기고 나가고 싶었던 날

팀장나리님은 느릿하게 다가오더니,
혀가 꼬부라진 것처럼 말을 흘리며 중얼거렸다.
준반말로 정보를 캐내려는 태도였다.
반말에 가까운 그 말들은,
마치 내 자존심을 슬쩍 밟고 지나가는 듯했다.

요 싹퉁머리 없는 팀장나리님을 콱···.
숨통이 턱 막힐 것 같다.
흘려보낸 건 내 시간인데,
말은 지가 나를 평가하는 듯 던졌다.
팀장나리님을 콱, 한 대 갈기고 싶은 걸
꾹꾹 눌러 삼켜야만 했다.

그 순간, 비유장이 확 틀어지는 기분이었다.
속은 부글부글 끓었고,
눈앞에선 세상이 회색으로 뿌옇게 흐려졌다.

그 말 한 줄에 가슴 한구석이 시렸다.
나는 그날도 남들보다 일찍 나와,
묵묵히 바닥부터 닦아내고 있었다.
하루가 뭉개지기 전에 내 자리부터 정돈하는 게
습관처럼 배어 있었다.
누가 보든 말든, 내 방식대로 성실했다.

그러데 팀장나리님 태도는 기가 막혔다.
말은 돌려 했지만 결국 내 입에서 뭔가 끌어내려는 속셈이었다.
반말로 슬쩍 말을 걸고, 요리 돌리고 저리 돌려가며
은근슬쩍 정보를 빼내려 들었다.

회사의 귀에 뭔가 넣어 팀장나리님 인정받으려는 수작.
10년 넘게 함께 손발 맞춰 일한
지 애비뻘 되는 어른을 상대로 말이다.
이 얼마나 비열한 짓인가.
인간이라면 일말의 양심이 있는데,
이마저도 저버린 자 아닌가?
그날 정말 죽통 한 방 + 빡통을 날려 버리고 싶었다.
이 한 방을 날렸으면 13년간 얹혀 있던
화기가 풀릴 듯했으나
대한민국 법이 있어서 그리 한 방 날리지 못해
빡통엔 열꽃이 자리 잡고 앉아 있어
빡통 지글지글 끓고 나니, 어지러워 쓰러질 것만 같았다.
그리 못 한 건
'혹시 그러고 나가면 실업급여 받는 데
차질이 생기는 건 아닐까?' 하는 두려움에
그래서 삼켜버리고 말았다.
죽통도, 눈물도, 한숨도.

대한민국 정서에서 이건 용납될 수 없는 방식이다.
대한민국에서 나이 많은 사람에게 새파랗게 젊은
팀장나리님이 반말하는 건 쉬운 일이 아니다.

그걸 쉽게 한다는 건.
싹퉁머리 없는 ××이나 마찬가지다.
더군다나 자신보다 힘없는,
스무 살 넘게 차이 나는 어른을 상대로….

팀장나리님은 내게
다정하게 컴퓨터를 찍어주며
"이발사님 요 부분은 이래저래 하시면 됩니다. 알았지요."
가르쳐준 적은 없다.
아차, 못한다고 타박한 적은 손가락으로 셀 수도 없이 많다.
감정 헤아린 적도 없고,
오로지 지 입에서 나오는 말만 옳다고 여겼다.
문제는,
그 말을 들어야만 했다는 거다.
합의금이라는 미끼 하나 때문에.
그래서 말이다, 한두 번은 참았다.
팀장나리님 말이 짜증나도, 존중은 없고,
지시만 넘쳐도, "알았어." 했다.
그게 내 밥줄이었고,
미래 먹거리, 그 밥줄 하나 때문에
사람답게 굴 수 없었던 시간이었다.

팀장나리님이라는 탈을 쓴 인간
그자는 팀장나리님이 아니라
권력의 스피커였다.
윗사람나리님들 말만 전하고.

지 말만 하고,
사람은 보지 않았다.

나 같은 사람은
그자에겐 그저
하루 안에 보고서 하나 채워야 하는
숫자 중 하나였던 거다.

그래도 나는, 끝까지 사람이고 싶었다.
팀장나리님은 나를 깎아냈지만,
나는 나를 깎지 않았다.
팀장나리님 말에 상처 입고도
내 말은 놓지 않았다.

나중에 알게 되었다.
팀장나리님 같은 인간은
자기보다 약한 사람한테만 울퉁불퉁 근육질이다.
윗사람 앞에선 납작 엎드리면서
자기보다 나이 많고 직급 낮은 사람에겐
왕 노릇 하려 드는 족속이었다.

그래서 지금 난 말한다.
그자는 팀장이 아니라,
팀이라는 이름에 먹칠한 먹….

등 돌린 이름, 팀장나리님

오랜 세월
나는 그대 옆에서
무거운 걸 같이 들고
항상 그대의 지시를 묵묵히 따랐다.

열 번의 여름
아홉 번의 겨울
십 년 가까이 함께한 그 시간이
내겐 정이었고
그대에겐
그저 습관이었더냐.

단 한마디면 됐네.
"뭐가 막히세요."
그 말 한 줄이
내 얼굴에 바람막이 되어줄 수 있겠지.

하지만
나는 입을 열었고
그대는 등을 돌렸지.

팀장이라는 이름표는
그저 직책이었지
사람은 아니었구먼.

막막한 순간
내 옆에 있던 그대는
마우스 하나 눌러주지 않았다.
나는 속으로
그대를 지워버렸다.

내게 따뜻했던 건
지위도 경력도 아니고
사람이었다는 걸
이제 나는 배워버렸네.

왜소한 남자의 무거운 몸짓

덩치도 작고, 비쩍 말라 50kg을 간신히 넘긴 몸뚱이.
사람들 눈엔 바람만 불어도 나가떨어질
종잇장 같아 보일 터.
그 시선이 두려워 자격지심이 독처럼 돋았다.
누군가 나를 건드릴까 봐, 짓밟을까 봐,
나는 늘 경계태세였다.

그래서일까. 1년에 한 번 외주업체 식당 대청소 날이면
나는 별안간 병사처럼 돌변했다.
탁자를 들고 뛰지 않아도 되는 자리를 헐레벌떡 내달렸다.

누가 시킨 것도 아닌데, 그날만큼은 나 스스로에게
'나 약하지 않아!' 외치고 또 외쳤다.
그러자 함께 조를 이룬 젊은 직원이 멈칫하며 말했다.

"주임님, 살살 하세요."
그 말 한마디에 나는 나도 모르게 멈칫했다.
그는 나보다 힘이 없어선 아니었다.
그저, 남들과 같은 속도로 일을 하며,
제법 힘들다고 느꼈던 것이다.
나는 그 옆에서, 스스로를 덮고 있는
무형의 껍질을 부수려는 듯,
더 빠르게, 더 요란하게 몸을 학대했던 것이다.

그건 오래된 제스처였다.
어릴 적 유흥업소에서 일하던 시절, 나는 늘 그렇게 버텼다.
"나 만만한 놈 아냐. 나 건드리지 마."
몸짓으로, 눈빛으로, 말없는 외침으로.
그때 그 몸부림은 이제 훈장이 되어 내 몸에 붙었다.
어깨에, 팔뚝에, 허리뼈에 달라붙어,
늙은 지금도 나를 부추기고 있었다.

목욕탕 대청소를 하자고 한 건 팀장나리님이었다.
하지만 막상 일을 시작하니,
가장 먼저 주저앉는 건 팀장나리님이었다.
"좀 쉬었다 하시죠."
말끝이 짧다. 눈빛은 피한다.

나는 쉰다는 말이 목구멍까지 올라왔어도 꿀꺽 삼킨다.
"빨리 끝내버리자고."
오히려 일을 더 밀어붙였다.

공수가 바뀌었다.
누가 위고 누가 아래인지,
역할은 바뀌었고 이름표만 그대로였다.
그의 직함은 상사이었지만, 현장의 지휘는 내 어깨에서….

내가 빠진 자리는 한동안 비어 있었다.
사람을 구하지 못해 안달이 났고,
구인 공고를 몇 차례나 올리고 몇 차례나 채용했으나
얼마 지나지 않아, 그만두었다.

구색은 그래도 어느 정도 갖추려 해도 구하기 녹록지 않자,
할 수 없이 40대 때밀이 한 적이 있는
재활용 정리하시는 70세 넘으신 어르신을
위탁업체 소속으로 채용을 하였다.

수건 세탁 작업은 생각보다 품이 많이 드는 일이다.
물을 흠뻑 머금은 수건 30장을 펼쳐 들면
그 무게가 만만치 않다.
이 무게를 한꺼번에 세탁기에 넣으려면
상당한 체력이 필요하다.
만약 체력이 부족하면 두 번으로 나누어 넣어야 한다.
그렇게 되면 추가적인 시간이 소요된다.
결국 추가 시간이 걸리는 만큼 남탕의 안전 관리는
무방비 상태로 놓이게 된다.

이러한 현실을 고려하면 세탁실 직원과
남탕 안전 관리 직원을 별도로 구인해야 한다.
이 두 업무를 한 사람에게 맡긴다는 것은 위험천만한 발상이다.
일반 사우나와 동일한 잣대로 운영해서는 결코 안 된다.
노인을 대상으로 운영하는 시설이라면,
그에 맞는 운영 방식도 달라져야 한다.
시설의 주체는 일반 고객도, 운영진과 직원들도 아니다.
관리금을 내고 거주하는 노인들이야말로
진정한 주체임을 잊지 말아야 한다.

남탕에서 일하시는 어르신은 어느 날,
팀장나리님에게 툭 내뱉듯 말했다고 한다.
"나이 먹어서 혼자 하긴 힘드니까, 도와줘."

내가 팀장나리님께 도와 달라고 손을 내밀었으면
콧방귀 뀌면서 휭 하고 사라졌을 것인데,
웬걸, "예, 알았습니다."
거침없이 슬슬 혓바닥을 타고 그 말이 나온 걸 보면
똥줄 타긴 타는가 보다.
그만두고 나면 운동처방팀에서 해야 할 몫으로
돌아올 것을 생각하니 아찔했을 것이다.
그나마라도 있는 편이 나을 거라는 판단….
내가 남겨둔 자리, 그 무게를 이제야 실감했을 것이다.

그 급여에, 그 조건에, 여러 가지를 끌어안을 사람을
다시 구한다는 건 애초에 무리였던 거다.
나처럼 말없이 버티는 사람은 흔치 않다.
뒤늦은 깨달음은 늘 늦게 온다.
고맙단 말 대신, 무거운 수건 뭉치를 껴안은 채,

나는 작고 왜소한 몸으로 살아왔지만,
그 누구보다 묵묵히 견디고 버텼다.
힘이 있어서가 아니라,
모자란 힘을 깡으로 보충하여 정신력으로 일했던 것이다.
이제 와 그 자리에 남은 자들이 하나둘 깨닫는다.
일은 근육으로만 하는 게 아니고,
무게는 체격으로만 재는 게 아니라는 걸.

나는 떠났지만, 그 자리에 남은 분들이 있다.
내가 지나온 시간, 내 몸짓의 흔적,
그리고 말하지 않아 더 무거웠던 노동의 진실.
그 모든 것이 이제야, 천천히 말이 되고 있다.

하얀 가운과 침대

코로나가 창궐하던 어느 해.
나는 로비에서 체온을 재고
방문자 명단을 적으며
하얀 가운을 입고 앉아 있었다.

경비복은 아니었다.
직원처럼 보이게 하려는 회사의 의도였겠지만
실은 겉만 번드르르한 명찰 없는 외피일 뿐이었다.

커피 한 잔이 그리웠다.
마케팅 당직자에게 조심스레 물었다.
"한 잔 얻어 마셔도 되겠냐?"
그는 대답했다.
"컵이 없는데요, 이발사님."

머뭇대다
오랜 시간 함께한 젊은 직원에게 말했다.
"자네가 가서 하나만 얻어다 줄 수 있겠나."

그러자 그는 얼굴이 굳으며
딱 잘라 말했다.
"이발사님이 직접 가셔야죠."

과거 프레임에 갇혀 있는 영감으로 볼 수도 있겠지
나는 나하고 몇 살 차이 나지 않는 여이사에게
아쉬운 소리 하고 싶지 않아
젊은 친구에게 부탁한 것을 심부름 시킨 것으로 간주하여
칼로 무 자르듯이 한칼에 잘라버린 그 친구에게
나하고 똑같은 나이에 상사가 말을 하였으면
과연 거절하였을까? 묻고 싶었지….
실상 그는 아무런 잘못이 없었다.
그래도….

그 젊은 친구는 나보다 스무 살 이상 어렸다.
함께 일한 지도 어느덧 십 년
그 한마디는
블랙커피보다 더 쓰게 남았다.

그날 점심시간,
그는 늘 그렇듯
지하 탈의실 옆 작은방으로 내려가
매트에 누워 잠시 휴식을 취했다.
나는 팀장나리님에게 조용히 말했다.
"그 방, 누구나 쓰는 건 아니지 않는가."

그 뒤로
그 젊은 친구는 더 이상 그 자리에 눕지 않았다.
딱히 뭐라 말한 것도 없었고
금지 명령을 내린 것도 아니었다.

그러나 그날 이후,
그 공간은 오직 '침묵의 허락'을 받은 이에게만 열렸다.
자네라면 묻고 싶다.
그대는 감히,
남의 아버지 침실에 엎드려 잠을 청할 수 있겠는가.

그 작은방의 매트를
나는 관용으로 허락했다.
내 것이 아닌 공간이지만
그 점심시간만큼은 내 이름이 새겨져 있었다.

대한민국 정서상,
꼭 말로 하지 않아도
눈치와 여백으로 전하는 선이 있다.
그걸 넘었을 때,
말없이 등을 돌리는 방식도 있는 것이다.

담배 연기, 그 무게

버스 안, 전철 안, 심지어 갓난아이 키우는 집 안에서도
사람들은 아무렇지 않게 담배를 피우고 구름과자를 생산하여
과거에는 천장으로 올려 보내었다.

과거 사람들은 나이 차이가 좀 나면
고개를 돌려 담배를 뽑았고,
삼촌뻘 되는 어른 앞에선
그 자리에서 담배를 피우지 않았다.
예의였고, 체면이었다.

하지만 지금은 다르다.
담배 피우는 일조차
흡연구역을 따져야 하는 세상이다.
예절도, 눈치도 사라져 버렸다.

그날은 달랐다.
서른 살 차이 나는 주차반장 앞에서
내가 알고 있는 상관나리님은 아무렇지도 않게
20대가 50대 앞에서 맞담배를 피우려 입에 물었다.

그 자리에서 주차반장이 말했다.
"이봐, 내가 자네 아버지보다 나이 많소.
이래도 되겠소?"

그래도 달라진 것은 없었다.
다음 날도 그다음 날도
하기야 나하고도 이십 년 넘게 차이 나는데
반말 찍 내뱉기도 하는 것을 말하면 뭐 하겠어.
상관나리님은 또다시 담배를 피워 댔다.

그 일이 마음에 걸려
주인나리님 아드님과 술잔을 나누던 자리에서
주차반장님이 그 얘기를 꺼내 놓았다.

이쯤 되면 주인나리님 귀로도 들어갔겠지 싶었는데,
아니었다.
개 버릇 남 못 준다고,
역시나 변함없이 또 구름과자를 제작해 하늘로 올려 보냈다.

그래서 생각했다.
이게 주인나리님의 경영 방침은 아닐까 싶었다.
나이 따지는 예의, 사람 됨 같은 것은
이제 귀찮은 짐짝일 뿐이었다.
이러쿵저러쿵 따져 묻는 인간은
그저 소탕일 뿐이었다.

예의도, 도리도 사라진 자리에는
권리와 눈치만 남아 있었다.
어른에 대한 예의는 사라지고,
입김처럼 가벼운 권력만
담배 연기처럼 허공을 떠돌았다.

의자 없는 사람

아침 출근
업무일지부터 적으며 시작한다.
입주자 노인 체조 수업,
아이들 수영반 지도,
가끔 쌀이 도착하면 식당으로 옮기고
행사가 있으면 줄 맞춰 짐도 나른다.

그 고정된 일들은
대개 네댓 시간 안에 끝이 난다.
그 뒤로 널널한 시간은
어떻게 채우느냐.
말이 곧 권력이 된 자리에서
내 의자에 슬그머니 앉은 상관나리님,
게임 삼매경에 빠진다.
지 애비뻘 되는 나를
바로 앞에 세워두고도
눈 한번 안 마주친다.

불편한 기색조차 사치다.
애써 입을 다문다.
허락도 없이
내 냉장고 속 음식까지 꺼내 먹는다.
한마디 하면

"쫌생이 같은 인간 같으니."라는 식의 뒷담화 할 것 같아,
속은 천불이 나도, 애써 그냥 넘긴다.
어쩌면 참는 것만이
이발사의 매뉴얼일지도 모른다.

그러다 호출이 울리면
허겁지겁 달려간다.
남탕 한복판,
바닥에
질퍽 떨어진 똥을 본다.

"이발사님. 여기 똥 있어요."
그 말의 속뜻.
"여기가 당신 자리잖아요.
그러니 당신이 치워."
그래, 맞다.
나는 똥 치우는 사람이다.
내 손으로 가위도 잡고, 때타월도 감으며
똥걸레도 쥔다.

상관나리님은 간땡이가 부었는지
전무나리님, 부사장나리님 눈을 피해
근무시간에 벌러덩 자빠져 자고 있다.

코를 골며,
팔을 벌리고,

마치 그 자리가
자기 소유인 양 군림한다.

내 공간을 침범하고도
아무런 거리낌이 없다.
지 애비 침실이라면
그렇게 자빠질 수 있었을까.
나는 그저 방 하나 딸린
깎사일 뿐이다.

아,
나는 이발사다
그리고,
나는
힘없는 노동자다.

말끝마다 참으며
감정조차 감춰가며
누군가의 편안함을 위해
오늘도 묵묵히 살아가는 사람이다.

잔머리로 무게를 재는 자

그는 대기업 인사팀 출신이었다.
임원까지 지낸 경력을 등에 지고,
실버타운에 전무나리님으로 부임해 왔다.
그가 제일 먼저 한 일은 직원들의 성향과 과거를
빠르게 파악하는 일이었다.

특히 나에 대해서는 유독 관심을 가진 듯,
어느 날 불쑥 말을 내뱉었다.
"이 주임, 너 거시기 한번 하러 갈래?"
한순간 귀를 의심했지만,
그건 단순한 농담도, 유머도 아니었다.
상대의 이력과 성향을 꿰뚫고,
그 틈으로 사람을 제압하려는 언사였다.
나는 물러서지 않았다.
조용히, 그러나 단호하게 받았다.
"술 담배는 안 하지만, 계집은 좋아합니다. 한번 가시죠."

그의 표정은 일그러졌다.
당황과 놀라움이 뒤섞인 눈빛으로 나를 보더니
곧 다시 말을 던졌다.
"전자에 유흥업소 했었다며?"
나는 확신했다.

그가 인사팀에서 익힌 기술로

내 과거까지 파고든 상태였다는 걸.
그러나 그것이 전부는 아니었다.

사우나 오픈을 앞둔 고요한 시간.
사람 하나 없는 사우나장에서
그와 나, 둘만의 물을 끼얹고 있었다.

나는 그 조용한 틈을 타 침착하게 말을 꺼냈다.
"변호사 비용은 빼드리겠읍니다."
그때까지만 해도 나는 원만한 마무리를 희망하고 있었다.
그런데도 그는 회사를 앞세워 단호하게 말했다.
"회사가 먼저 액수를 제시하는 법은 없네.
그러니 자네가 말하게."

그 순간, 나는 깨달았다.
그는 합의금을 축소하려는 의도를 갖고 있었다.

"이 문제에 대해 회사 차원의 정리 방향은
어느 정도까지 검토되고 있읍니까?"
그는 바로 말하지 않았다.

잠시 뜸을 들이다가 되묻는다.
"자네가 원하는 액수를 말하게."

책임을 떠넘기려는 전형적인 상층부의 화법.
나는 더 단호하게 말했다.

"전무님 오신 지 3년 되셨죠.
저는 부사장님과 13년을 함께 일했읍니다.
이 사안은 부사장님이 맡는 것이 맞지 않겠읍니까?"

그는 말없이 고개를 돌렸다
그리고 며칠 후, 그 사안은 부사장나리님에게 넘어갔다.

나는 알고 있었다.
그가 이 일에서 물러난 이유를.
법적 승산이 희박했고,
자칫 주인나리님에게 신뢰를 잃을 수도 있다는 두려움,
무리하게 끌고 가다 인심까지 잃을 수 있다는 계산,
결국, 전무나리님의 그릇된 판단이
이 사안을 악화의 길로 이끌었던 것이다.
진작에 진심으로 해결에 나섰다면
조용히 정리할 수 있었던 일을.
작은 실적 하나 챙기려는 조급함이
결국 더 큰 혼란을 불러왔다.

그날 이후, 나는 다시금 확인했다.
진짜 무게는 머리로 재는 것이 아니라는 것.
그때 내가 먼저 합의 제안을 했을 때,
그가 그것을 받아들였다면 이 일은 쉽게 끝날 수도 있었다.
서로의 상처도 아물 수 있었고,
회사의 이미지 또한 흔들리지 않았을 것이다.

결국 그는 회사를 위한다는 명분 아래
충성심을 작동시켰지만,
그 판단은 조직의 신뢰를 무너뜨리는 결과로
이어졌다는 것임을.

웃음 뒤엔
감춰진 얼굴이 있다

"두 얼굴 중, 누가 진짜일까?"

거울을 피했다

실적은 셈이 빠르나
사람의 무게는 재지 못하는 자여.
기억하라.

잔머리로 눌러앉은 자리는
언제나 뿌리 없는 경계였다.

사람을 꿰뚫었다 자부하던 눈빛,
그 속에 자신은 없었지.
말 한마디로 구멍을 뚫고
그 안을 파악하려 들었지만
나는 허수아비가 아니었다.

샤워기 물소리 틈으로
나의 한 문장,
그대의 꾀를 잠재우고
그릇된 계산을 거둬들였다.
고요는 증언이었다.
그가 말없이 돌아선 순간,
나는 이미 이긴 것이었다.

기록하라.
무게는 숫자가 아니고

잔머리 돌림도 아니라
그 속에서 묵묵히 견디는
시간의 깊이라는 것을.

나오는 말

직장이란 건 등짝 한번 붙일 자리였고,
식구통처럼 아무거나 쑤셔 넣은 그런 곳이었다.

나는 술도 안 했고, 담배도 피우지 않는다.
일 끝나면 저녁 바람도 생략한 채
곧장 글 쓰는 자리에 앉아,
한 줄 글이 떠오르면 메모하거나
이 한 줄 글이 떠오르지 않으면
한 줄 글이라도 눈으로 집어넣고 난 후 잠을 청한다.
외출이란 건 거의 없었다.

일요일과 명절을 제외하곤
나는 직장에서 침식을 했다.
퇴근이라는 말도 나한텐 어울리지 않았다.
그곳이 내 생활터전이었고,
집은 하루 들르는 잠자리일 뿐이었다.

일요일 하루 쉬는 날이면
2002년식 소형 빌라에서
찾아오는 이 하나 없이 조용히 책을 벗 삼아
지식을 빡통 속에 쑤셔 넣으며
옹골찬 하루를 보냈다.

그렇게 직장이라는 울타리에 젖어 지낸 세월이었다.
내 빡통엔 대한민국이 어떻게 굴러가는지도 몰랐고,
세상 돌아가는 사정은 TV 뉴스 자막 정도로나 알았다.

매달 꼬박꼬박 들어오는 월급,
세금 떼고 나면 200만 원도 채 못 미치는 그 돈 가지고
하루 3끼 풀칠하며 앞으로 다가올 노년엔 무엇을 할까?
'궁리' 대신 봉급을 쪼개고 쪼개어 저축하여
노년에 풀칠할 안일한 생각 외엔 다른 생각을 하지 않았다.
뇌는 정지되어 창의적인 발상은 멈추어선, 허송세월을 보냈다.

회사는 내게 등짝 뉘일 자리였고,
식구통에 뭐든 쑤셔 넣어가며 버텨낸 공간이었다.

그만두면 또다시 짐 몇 점 싸들고
이 업장 저 업장 떠돌아야 할 게 뻔하니,
착취인 줄 뻔히 알면서도 꾹 참고 견뎠다.

친구놈들은 나를 보고 욕했다.
"이 병신 같은 놈아, 기술도 없는 것도 아니고
딴 놈들처럼 쥐약 한 잔도 목구멍으로 안 털어 넣고,
데마찌 한 번 안 내고 '충성해 본들',
높은 분들이 있는 회사가 너한테 뭘 안겨주더냐.
이 짱돌 같은 놈아."

이런 말 듣기도 싫었고.
솔직히 쪽팔리기도 했다.
죽통에 말아 담고, 그 말들을 꿀꺽 그냥 삼켜버렸다.

강산이 한 번 변하고도 남은 그 세월을,
나는 참고 또 참았다.
회사와 부딪치기도 했지만
정작 퇴직할 생각은 없었다.

그런데 자본이란 놈은,
힘이 정말 세더라.
결국엔 자본 앞에 무릎 꿇고 나와야 했다.

그 순간
'이제 내 노후는 어찌 되는 거지?'
이 물음표가 빡통 속 깊숙이 스며들었다.
그러자 온몸에 힘이 다 빠져나가 버렸다.
한 달 가까이 아무것도 못 하고 무기력에 빠졌다.

이 무기력 속에서
갑자기 손에 잡힌 게 '글'이었다.
한 자 한 자 타자 두드리며
'톡톡' 그 소리 나는 이 음률에 맞춰진, 한 음률 두 음률이
내 빡통 속 3,000억 개 뇌신경줄을 건드리기 시작했다.

구인 광고 속엔 사우나 환경이 많이 변하였다.

과거엔 이발사 보조라는 개념도 없었는데
요즘은 보조금이라는 명분을 앞장세워
주인나리님들이 구인 광고로 먹잇감까지 낚는다더라.
이발, 때밀이, 구두닦이, 기관장까지
다 해낼 수 있는 내가
자존심까지 내던지고 왜 그렇게 긴 세월을 버텼을까.

싸래기밥만 처먹었는지,
지 애비뻘 되는 어른한테
직위 앞에서 반말 찍찍 내뱉는
그 말 펀치 맞아가며
무얼 하나 얻고자 그렇게 모욕을 견뎌온 걸까.

가장 참기 힘들었던 건
자식뻘 팀장나리님 밑에서 일하던 때였다.
다른 사람들에겐 깍듯하게
허리 꺾어 인사하고 존댓말 하면서,
나한텐 반말 찍찍,
허리는 꼿꼿이 세우고
마빡 밑에 눈깔 굴리며
힐끔힐끔 뱁새 눈깔로 째려볼 때

그럴 땐 외쳤다.
"이 싸가지 없는 상관나리님이시여
당신은 애미 애비도 없냐?
어른 보면 인사도 안 하고

힐끔 쳐다보고 가냐?
이따위로 상관나리님 애미 애비가 그렇게 가르치더냐?"

이 말귀를 귓구멍에 쑤셔 넣어주고 싶은 마음이
굴뚝같았으나 참았다.

왜냐면, 여기서 그만두면
그동안 가슴에 담아온
13년 직장생활의 이야기들이
그냥 흩어질까 봐.

이제는 자본의 속박에서 벗어났다.
고향인 목욕탕으로 다시 돌아가
잊고 살았던 목욕탕에 관련한 글을 퍼올리며
3년쯤 뒤에 졸업하고 나면
중고등학교와 맞짱 뜨련다.
지식을 쟁취해 보겠다.

글이란 놈이 내손에 달라붙었으니,
이 무기는 이제 누구도 빼앗지 못한다.

남은 인생,
고독과 함께 글을 쓰며
나 같은 밑바닥 인생들에게
단 한 줄의 방향이라도 던져줄 수 있다면
그걸로 족하다.

고독과 친구 되어 외로움을 느낄 때
사랑의 깊이를 느낄 것이다.
고독과 친구 되어 외로움에 아파서 몸서리쳐질 때
사랑을 알게 될 것이다.